Mon premier Larousse des

COMMENT C'EST FAIT ?

ILLUSTRATIONS

Nathalie **Desforges**

Clément **Devaux**

Éric **Gasté**

Claire **de Gastold**

Pascal **Gindre**

Émilie **Harel**

Camille **Jourdy**

Marine **Ludin**

Sandrine **Martin**

Marie **Michel**

Marion **Montaigne**

Clémence **Paldacci**

Pronto

Mickaël **Sterckeman**

Rédaction : Françoise **de Guibert**
Direction artistique, Conception graphique & réalisation :
F. **Houssin** & C. **Ramadier** pour **DOUBLE**
Principe de couverture : Laurent **Carré**
Réalisation : Charlotte **Wiltz**
Direction de la publication : Isabelle **Jeuge-Maynart** et Ghislaine **Stora**
Fabrication : Rebecca **Dubois**

ISBN : 978-2-03-589814-2
Imprimé en Espagne par Graficas Estella (Estella)
Dépôt légal : 2007
314095-01/11026425 – avril 2014

Mon premier Larousse des

COMMENT C'EST FAIT ?

LAROUSSE

SOMMAIRE

Comment c'est fait la maison? 68-81

Comment c'est fait le transport et l'énergie? 82-101

Comment c'est fait la vie quotidienne? 102-127

Comment c'est fait la Terre et la vie? 128-149

D'où vient le sel ?

Comment sont fabriqués les corn flakes ?

Est-ce que les vaches donnent du lait tous les jours ?

C'est quoi une clémentine ?

C'est vrai que les légumes sont bons pour la santé ?

D'où viennent les œufs ?

Comment fabrique-t-on les bonbons ?

Comment c'est fait les aliments ?

Questions 1 à 59

La farine et le pain

Pour fabriquer la farine du pain, on cultive un blé qu'on appelle du blé tendre.

1

Dans les champs...

❶ L'agriculteur sème des grains de blé au début de l'hiver. Dans la terre, la graine germe.

❷ La plante grandit et un épi se forme. En août, le blé est mûr, les épis sont jaunes.

❸ L'agriculteur fait la moisson. La moissonneuse-batteuse coupe le blé et sépare les épis de la paille.

2

À la minoterie

❹ Dans l'usine appelée minoterie on fait passer les grains de blé entre les dents de deux gros cylindres qui enlèvent les écorces des grains.

❺ Le grain est broyé pour obtenir de la farine. La farine est ensuite passée dans plusieurs tamis de plus en plus fins.

Chez le boulanger

❻ Dans son pétrin, le boulanger mélange la farine de blé avec de l'eau, du sel et de la levure pour faire sa pâte. Puis il laisse reposer la pâte.

❼ Quand la pâte est bien gonflée, le boulanger la divise en petits bouts, les pâtons. Il leur donne une forme : en long pour les baguettes, en rond pour les boules, en couronne… et les laisse reposer.

❽ Après plusieurs heures, les pâtons triplent de volume. Le boulanger met les pâtons au four et les fait cuire. La croûte se forme et prend sa couleur dorée.

❾ Quand le pain est cuit, le boulanger le sort du four. Encore tout chaud, il est très fragile. Une fois refroidi, le pain est mis en place dans la boulangerie.

Le sais-tu ?
La déesse grecque Déméter est la déesse du blé. Un jour, le dieu des Enfers enlève sa fille Perséphone et l'entraîne sous terre. Déméter, désespérée, empêche les semences de pousser. C'est la famine ! Heureusement Zeus, le dieu des dieux, rend sa fille à Déméter qui couvre alors les plaines de blé.

Les biscuits, les céréales et les pâtes

4

Comment fait-on les biscuits ?

➽ Pour fabriquer des biscuits, on mélange plusieurs ingrédients : de la farine, des matières grasses (du beurre, de l'huile), du sucre et des œufs. À l'usine, la pâte est étalée sur un tapis roulant puis découpée automatiquement pour donner sa forme au biscuit. Les biscuits rentrent ensuite dans un gigantesque four en forme de tunnel où ils cuisent en quelques minutes. Puis ils ressortent de l'autre côté.

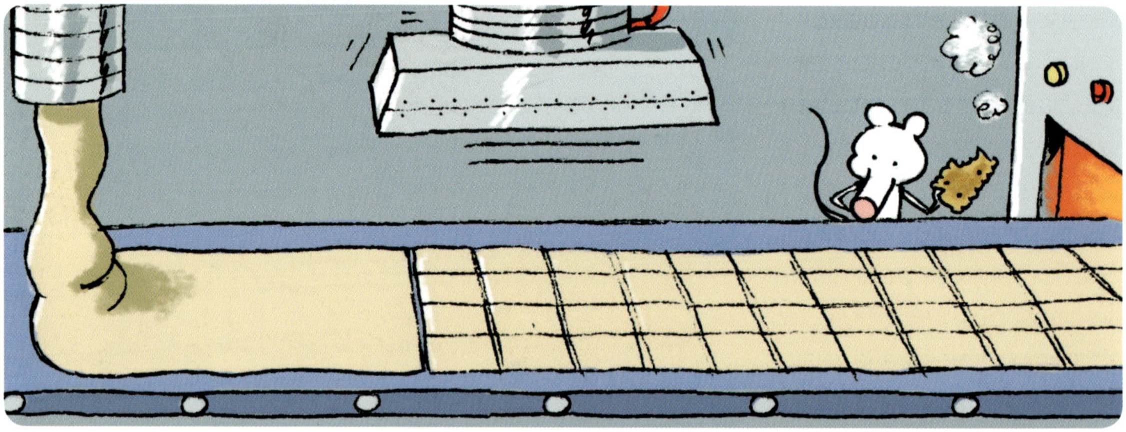

5

Comment fait-on les pâtes ?

➽ Les pâtes sont fabriquées avec une espèce particulière de blé, le blé dur. Quand on les écrase, les grains de blé dur ne donnent pas de la farine mais de la semoule. La semoule est mélangée avec de l'eau. Cette pâte est aplatie puis découpée pour faire des tagliatelles ou des lasagnes. La pâte peut aussi être pressée sur une plaque à trous pour faire des spaghettis ou des macaronis.

6

Et le couscous?

La semoule du couscous vient aussi du blé dur. Cette semoule, mélangée avec de l'eau, est travaillée en petites boules : les grains de couscous.
Ils sont cuits à la vapeur puis triés en fonction de leur taille. Traditionnellement, dans les pays d'Afrique du Nord, les femmes du village se rassemblaient pendant plusieurs jours pour faire le couscous. Les boulettes étaient formées à la main et séchées au soleil.

7

Comment sont fabriqués les corn flakes?

On fabrique les corn flakes avec des grains de maïs. Les grains de maïs sont cuits puis aplatis par des cylindres qui leur donnent leur forme de pétales. Cette étape est suivie du grillage à haute température dans des fours géants. On peut ensuite enrober les pétales dans du sucre, du chocolat, du miel... Les céréales sont mises en sachets, en paquets, et enfin en cartons de livraison.

Le sais-tu?
On dit que les premiers biscuits ont été faits par erreur! Ils ont été cuits deux fois, d'où leur nom. Quand ils partaient pour de longs voyages, les marins avaient besoin d'une nourriture qui se conservait longtemps et ne prenait pas trop de place. Le biscuit de mer était une grosse galette cuite deux fois, un mois avant l'embarquement.

Le sucre

8

D'où vient le sucre?

➽ Presque toutes les plantes produisent naturellement du sucre pour se développer. On trouve du sucre dans les fruits, dans les tiges, les racines et les feuilles. On ne peut d'ailleurs pas vraiment dire qu'on fabrique du sucre comme on fabrique du pain. En fait, le rôle des sucreries, c'est seulement de séparer le sucre des autres éléments de la plante.

9

Comment obtient-on le sucre?

➽ Deux plantes surtout servent à faire du sucre : la betterave sucrière qui pousse en Europe et la canne à sucre qui pousse dans les pays tropicaux. On utilise la racine de la betterave et la tige de la canne à sucre. En les découpant et en les écrasant, on obtient un sirop sucré qu'on fait cuire jusqu'à ce qu'il forme des cristaux.

C'est vrai qu'il existe des arbres à sucre ?

10

➽ Au Canada, on fait pousser des érables pour obtenir du sucre. Au printemps, on creuse un petit trou dans l'arbre pour que l'eau d'érable s'écoule. En chauffant cette eau, on fabrique un sirop sucré : le sirop d'érable. En continuant à chauffer, on parvient à faire du sucre dur.

Comment les abeilles font-elles du miel avec des fleurs ?

11

➽ Les abeilles volent de fleur en fleur pour butiner le nectar, un jus sucré contenu dans les fleurs. Elles transportent le nectar jusqu'à la ruche, le mélangent à leur salive puis l'emmagasinent dans les alvéoles de la ruche. Quand l'apiculteur récolte le miel, il en laisse une partie pour nourrir les abeilles pendant l'hiver.

? Le sais-tu ?
Pour obtenir 1 kg de miel, il a fallu que les abeilles butineuses travaillent 200 journées. Elles ont parcouru 40 000 km et butiné environ 800 000 fleurs. Quel travail !

12

Comment fabrique-t-on les bonbons ?

➽ Aujourd'hui, les bonbons sont fabriqués dans des usines à partir d'un mélange de sucre et d'eau. Des colorants sont ajoutés pour donner de la couleur, des arômes (chocolat, fraise, menthe) sont ajoutés pour donner du goût. La pâte à bonbon est cuite dans un four. Plus le four est chaud et plus les bonbons seront durs. À sa sortie du four, la pâte est coulée dans des moules pour faire des bonbons carrés, ronds ou avec des formes d'animaux.

13 **Pourquoi les bonbons font-ils mal aux dents?**

➽ Les bonbons contiennent 95% de sucre ! Et sur nos dents se trouvent des bactéries qui se nourrissent de sucre. Ces bactéries rejettent un acide, l'acide lactique, qui attaque la dent. Si tu manges des bonbons toute la journée, les bactéries se développent et produisent sans arrêt de l'acide. Et tu risques fort d'avoir des caries.

14 **C'est vrai qu'autrefois il n'y en avait pas?**

➽ Les premiers bonbons étaient réservés à la table des rois. Faits à base de miel et d'épices, ils étaient servis à la fin du repas dans des coupes en or ou en argent. Ils avaient la réputation de faciliter la digestion.

15 **Est-ce que c'est dangereux d'avaler un chewing-gum?**

➽ Quand on avale un chewing-gum, il ne fond pas dans le ventre comme un bonbon. Il reste entier et sort du corps avec les autres déchets de la digestion dans le caca. Ce n'est pas dangereux, sauf si on en avale beaucoup. C'est pourquoi il ne faut pas donner de chewing-gums à des bébés.

Le sais-tu?

Les anciens Mexicains avaient l'habitude de mâcher des petites boules de gomme, une sève produite par un arbre de la forêt vierge. Aujourd'hui, les chewing-gums sont fabriqués avec une gomme artificielle qui ne fond ni dans l'eau, ni dans la salive. Cette gomme contient le même type de caoutchouc que celui qu'on utilise pour faire des chambres à air !

Le chocolat

16 **Dans la forêt tropicale**

❶ Les cacaoyers sont cultivés dans les forêts tropicales chaudes et humides. Leur fleur jaune se transforme en un très gros fruit : la cabosse.

❷ Les ouvriers cueillent les cabosses. Elles sont coupées en deux avec un grand couteau pour en extraire les fèves de cacao. Les fèves sont nettoyées et mises dans des grands sacs en jute. Elles sont envoyées par bateau dans les chocolateries d'Europe.

17 **Dans la chocolaterie**

❸ Les fèves sont grillées dans des fours à 120 °C. Elles sont ensuite concassées en petits morceaux. Puis les morceaux sont broyés pour obtenir une pâte liquide : la pâte de cacao.

La plaque de chocolat

❹ Pour faire du chocolat à croquer, on mélange la pâte de cacao avec du sucre et on chauffe légèrement le tout. La pâte est versée dans des moules puis refroidie. Pour le chocolat au lait, on rajoute du lait au mélange pâte de cacao et sucre.

18

❺ On démoule ensuite les tablettes et on les emballe dans du papier d'aluminium pour les protéger et du papier avec le nom de la marque.

Le chocolat en poudre

❻ Pour faire du chocolat en poudre, il faut presser la pâte de cacao pour séparer le beurre de cacao qui est gardé.

19

❼ Ce qui reste de la pâte est passé dans un moulin pour y être pulvérisé. Le chocolat en poudre est versé dans des boîtes pour être commercialisé.

? Le sais-tu ?

Le cacao était utilisé par les Aztèques pour fabriquer une boisson amère. Cette boisson était réservée aux princes et aux prêtres. C'est l'explorateur Cortés qui ramena les premières fèves de cacao en Espagne en 1527. Le chocolat devient à la mode dans les cours des rois d'Europe. On le fait fondre dans de l'eau, du lait ou du vin.

Les fruits

20 

Est-ce que tous les fruits poussent sur des arbres?

➽ Beaucoup de fruits poussent sur des arbres, mais pas les fraises, les framboises ou les mûres qui sont des baies qui poussent sur des plantes basses. Les bananes, qui viennent des Tropiques, sont les fruits de l'herbe la plus grande du monde.

21 

Pépins ou noyau?

➽ Dans tous les fruits, on trouve les graines de la plante. Certains fruits contiennent plusieurs petites graines enfermées dans les pépins. Les autres fruits protègent leur graine dans une coque dure : le noyau. Il y a des pépins dans la pomme, la poire, le melon, le citron. La cerise, la pêche, l'abricot contiennent des noyaux. Si personne ne le ramasse, le fruit tombe sur le sol où il pourrit. Une nouvelle plante se développe à partir de la graine et sort du pépin ou du noyau. Mais ne t'inquiète pas si c'est toi qui avale un noyau, rien ne poussera!

D’où viennent les fruits? 22

➔ Les bananes ne poussent pas en France. Pour pouvoir en manger, on les fait venir des pays chauds par bateau ou par avion. Les cerises, elles, poussent en France, mais seulement à la fin du printemps. Pour avoir des cerises en hiver, il faut les faire venir de très loin. Mais attention, tous ces voyages polluent la planète!

C’est quoi une clémentine? 23

➔ La clémentine a été inventée par le père Clément qui lui donna son nom. C’est un croisement entre la mandarine qui poussait à l’origine en Chine et l’orange amère. La mandarine et la clémentine se ressemblent. Comment les reconnaître? La mandarine est pleine de pépins alors que la clémentine n’en a pas!

? Le sais-tu?
Dans certains magasins, on vend chaque pomme emballée dans un petit sachet de plastique. La pomme mangée, il reste le trognon et le sachet. Le trognon est naturel, il va pourrir et disparaître rapidement. Mais la nature ne sait pas éliminer le plastique. Le sac, lui, va rester!

Les légumes et les fruits

24 Qu'est-ce qu'un légume ?

➽ C'est une plante que l'on cultive pour la manger. On mange les feuilles de la salade, des épinards, les graines des petits pois et des haricots ou encore la tige du poireau ou de l'asperge. Parfois encore, ce sont les fleurs du légume que l'on déguste (artichaut, chou-fleur) ou ses racines (betterave, carotte).

26 La tomate est-elle un légume ?

➽ Oui et non ! Elle fait partie des légumes-fruits qui sont mangés comme des légumes mais qui sont considérés comme des fruits par les botanistes, les spécialistes des plantes. C'est aussi le cas de l'aubergine, de la courgette, de l'avocat, du concombre, du cornichon, du potiron ou du melon.

25 D'où viennent les légumes ?

➽ Beaucoup ont été découverts dans d'autres pays : le fenouil vient d'Italie ; les tomates viennent d'Amérique ; les pois chiches d'Inde.

On crée aussi de nouvelles variétés dans les laboratoires. En croisant deux variétés de tomates, on en obtient une nouvelle qui se conserve mieux et qui est plus sucrée.

27

C'est vrai que les légumes sont bons pour la santé ?

➽ Les légumes contiennent des vitamines et des minéraux importants pour notre santé ! Mais tout dépend ensuite de la façon de les préparer ! Les chips, fabriquées avec des lamelles de pommes de terre cuites dans l'huile, contiennent beaucoup de graisse et de sel !

28

Savez-vous planter les choux ?

➽ Autrefois, à la campagne, chaque famille avait un potager et cultivait ses légumes. Aujourd'hui, on achète le plus souvent les légumes sur les marchés ou au supermarché. Ils sont cultivés en grandes quantités par des maraîchers puis livrés au vendeur par camion.

? Le sais-tu ?
Pour obtenir des plantes vraiment très résistantes aux maladies ou les empêcher de mûrir trop vite après la récolte, les savants ont réussi à modifier leurs gênes. Mais des scientifiques pensent que les OGM, les organismes génétiquement modifiés, sont dangereux pour notre santé et pour la nature.

Le sel

29 **D'où vient le sel ?**

❶ On trouve du sel dans le sol, dans les rochers, dans les cailloux… et dans la mer. En coulant, l'eau des rivières se charge de sel qu'elle transporte jusqu'à la mer. L'eau de mer est très salée parce que l'eau s'évapore mais pas le sel.

❷ Les marais salants sont construits près des côtes. Ce sont des bassins peu profonds protégés de l'océan par une digue.

30 **Dans les marais salants**

❸ Deux fois par mois, l'eau de mer entre dans les marais salants au moment des grandes marées.

❹ L'eau de mer est guidée dans une sorte de labyrinthe composé de petits bassins.
Elle s'évapore petit à petit et la concentration en sel augmente.

❺ Au bout d'un moment, le sel cristallise. La surface des bassins se couvre d'une pellicule de sel : la fleur de sel. Le gros sel s'accumule au fond.

Une méthode artisanale

❻ Dans certains salins, le sel est récolté comme autrefois : le paludier utilise une sorte de grand râteau en bois pour le ramasser. C'est un sel de très bonne qualité.

❼ Mais le plus souvent, on récolte le sel de façon industrielle avec des machines.

❽ Le sel récolté est ensuite séché puis mis dans des boîtes.

Le sais-tu ?
Dans les salins on récolte le sel de mer. C'est celui qu'on utilise pour cuisiner. Très loin de la mer, on trouve le sel dans des galeries souterraines. Ce sel, appelé sel gemme, est utilisé pour déneiger les routes l'hiver.

Le riz

32 **Le riz, une céréale d'Asie**

Le riz est la céréale la plus consommée dans le monde. Dans les pays d'Asie, comme la Chine ou le Vietnam, le riz est l'aliment principal, un peu comme le blé chez nous.

33 **Dans la rizière**

❶ Le riz est cultivé dans des champs plats remplis d'eau : les rizières.
Le climat chaud et humide est idéal pour la culture du riz.

❷ Avant de planter le riz, il faut préparer le terrain ! La terre est d'abord labourée avec une charrue. Elle est ensuite inondée et piétinée par des bœufs ou des buffles pour casser les grosses mottes de terre.

❸ Quand le sol est bien plat, les jeunes pousses de riz sont plantées à la main, alignées les unes à côté des autres dans la rizière. C'est un travail très long et fatigant qui est souvent fait par les femmes.

4 Les épis de riz sortent au bout de trois mois. Quand ils sont mûrs, le riz est moissonné avec une faucille. On coupe les tiges et on les rassemble en bottes. La culture du riz en Asie se fait sans machine. 34

5 Une fois les épis récoltés, les grains de riz sont récupérés. La paille est utilisée pour nourrir les bœufs.
Les grains sont triés et mis à sécher dans de grands paniers.

6 Au moment de la récolte, les grains de riz sont entourés d'une enveloppe dure, la balle. Pour rendre le riz consommable, il faut enlever cette enveloppe et le nettoyer.

7 Comment fait-on du riz blanc ?

➽ L'amande du riz complet est entourée d'une enveloppe fine qu'on doit retirer pour faire du riz blanc. Pour cela, les grains passent entre des meules qui font tomber cette enveloppe.

35

Le sais-tu ?
Le riz n'est pas seulement une céréale des pays d'Asie, on cultive aussi du riz en France, dans le Sud. Mais on n'obtient qu'une seule récolte par an au lieu de 3 ou 4 pour les pays tropicaux d'Asie, d'Amérique et d'Afrique.

Le jambon, les œufs, les poissons surgelés

36

Comment fait-on du jambon ?

➻ Le jambon est fait avec la viande de la cuisse du cochon. Pour faire du jambon blanc, on enlève l'os et la peau. On sale la viande et on la fait cuire dans un moule. Le jambon blanc est vendu chez le boucher ou sous plastique au supermarché. On peut faire aussi du jambon cru qui se garde plus longtemps.

37

Pourquoi le jambon cru peut se garder longtemps ?

➻ Pour faire du jambon cru, on laisse la viande sur l'os et on la fait sécher après l'avoir trempée dans du sel. Depuis très longtemps, les humains utilisent le sel pour conserver la viande ou le poisson. Le sucre permet aussi de conserver les aliments. C'est grâce à lui que les confitures se gardent longtemps.

38

D'où viennent les œufs ?

➻ Les poules pondent naturellement des œufs. Mais pour obtenir encore plus d'œufs, des éleveurs ont eu l'idée de rassembler beaucoup de poules sous des hangars. Les poules vivent dans des cages. Pour stimuler la ponte, les hangars sont éclairés le jour et la nuit. et les œufs tombent directement sur des tapis roulants.

39

Est-ce que ces poules sont malheureuses ?

➽ Difficile de savoir ce que ressent une poule… mais on a souvent montré que les oiseaux des élevages industriels vivent dans de mauvaises conditions. Certains éleveurs proposent des œufs de poules élevées en plein air ou nourries avec des aliments bio. Ces œufs sont un peu plus chers mais ils sont peut-être meilleurs pour la santé.

40

D'où vient le poisson surgelé ?

➽ Tous les poissons qu'on achète viennent soit de la pêche en mer, soit d'élevages. Le poisson surgelé est fabriqué avec du vrai poisson, souvent des morceaux de colin ou de cabillaud. Le poisson est préparé sur place dans des grands bateaux usines qui s'occupent à la fois de pêcher en mer, de cuisiner et de surgeler.

Le sais-tu ?
Le poisson, c'est bon. Mais les scientifiques s'inquiètent car les poissons sauvages sont pêchés en trop grande quantité dans les mers. Certaines espèces risquent même de disparaître bientôt !

Le lait

41

Est-ce que toutes les vaches ont du lait ?

➽ Pour avoir du lait, la vache doit d'abord donner naissance à un petit veau. Le lait, naturellement produit pour nourrir le veau, peut alors être récupéré par le fermier. Pour continuer à donner du lait la vache doit avoir un nouveau petit veau chaque année.

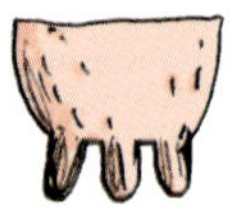

42

Est-ce qu'elles donnent du lait tous les jours ?

➽ Oui, le fermier doit traire ses vaches tous les jours de l'année, deux fois par jour, matin et soir ! La traite se fait aujourd'hui avec une machine électrique, le trayeur, que le fermier branche sur les pis de ses vaches. Le lait récolté par la machine est à 37° C. Il est directement envoyé dans un réservoir réfrigéré : le tank à lait.

Est-ce que c'est ce lait qu'on trouve dans les bouteilles ?

43

➽ De grands camions-citernes réfrigérés passent tous les jours dans les fermes pour pomper le lait des tanks et le transporter jusqu'à la laiterie. Là, le lait est filtré et nettoyé. Puis il est mis en bouteilles. Les bouteilles sont en verre ou en plastique. On peut aussi retirer de la matière grasse pour faire du lait demi écrémé ou du lait écrémé.

Pourquoi y a-t-il tant de laits différents dans les magasins ?

44

➽ Le lait de vache non traité, le lait cru, ne se garde que 2 jours. Mais si on chauffe le lait très vite, on détruit les microbes et il se conserve plus longtemps. C'est le lait pasteurisé. Pour garder le lait encore plus longtemps, on peut le faire chauffer à ultra haute température. C'est le lait UHT ; il est vendu dans des briques en carton.

Le sais-tu ?
On boit surtout du lait de vache. Mais on peut aussi consommer le lait d'autres animaux, comme le lait de brebis ou le lait de chèvre. Aujourd'hui, on fabrique des boissons avec des plantes et de l'eau qu'on appelle laits : lait de soja, lait de riz, lait d'amande.

Le fromage

45

Comment fait-on le fromage ?

➽ Pour fabriquer de l'emmental, du gruyère, du comté ou du beaufort, on utilise du lait de vache. À la fromagerie, le lait est versé dans des cuves.

➽ Le lait est chauffé à 32 °C. On y ajoute la présure qui va transformer le lait liquide en lait caillé solide.

➽ Le caillé est mis dans des grands moules et pressé. Il est ensuite plongé dans un bain salé (de saumure) et forme une croûte solide.

➽ Les grosses meules de fromage sont ensuite entreposées dans des caves, c'est l'affinage.

➽ Pour savoir si le fromage est prêt, l'affineur « sonne » la meule en la frappant d'un coup sec.

46

D'où viennent les trous de l'emmental ?

➽ Pendant qu'il est en cave, des bulles d'air se développent dans le fromage. Mais sa croûte les emprisonne à l'intérieur des meules.
La température un peu chaude de la cave où est affiné l'emmental explique pourquoi il a de gros trous alors que le comté, affiné dans des caves plus fraîches, n'en a pas.

? Le sais-tu ?
Le yaourt est fait avec du lait dans lequel on met deux bactéries spéciales. Quand on chauffe le lait à 42 °C pendant trois heures, les bactéries s'y reproduisent par millions et le lait devient un gel. Lorsque les yaourts sont prêts, ils sont refroidis et stockés à 2-4 °C.

L'huile, le vinaigre et les épices

47

Comment fait-on de l'huile ?

➽ On fabrique de l'huile avec les olives, les graines de tournesol, les pépins de raisin, les noix. Les fruits ou les graines sont pressés pour en recueillir la matière grasse. Mais on peut aussi fabriquer de l'huile de poisson comme l'huile de foie de morue. On fait même de l'huile à partir du pétrole !

49

Comment fabrique-t-on du vinaigre ?

➽ Le vinaigre est fabriqué à partir d'un alcool : du vin, du cidre, de la bière. Au contact de l'air, une sorte de peau visqueuse se forme à la surface du liquide. C'est la mère de vinaigre. C'est une sorte de moisissure qui va permettre petit à petit la formation du vinaigre.

48

Est-ce que toutes les huiles se mangent ?

➽ L'huile ne sert pas seulement à faire la cuisine ! On utilise des huiles non comestibles pour fabriquer des peintures et des vernis, pour faire des savons ou des médicaments.

Il y a très longtemps, on s'éclairait avec des lampes à huile. Et la première huile utilisée pour les moteurs de voiture était de l'huile de castor !

Et la moutarde ?

➽ La moutarde est une plante. Ses graines ont un goût piquant. En écrasant ses graines et en les mélangeant avec du vin blanc, on obtient une pâte lisse et jaune qu'on utilise à table et qu'on appelle aussi moutarde. 50

D'où viennent les épices ?

➽ Les épices sont souvent d'origine exotique : le curry (qui est un mélange de plusieurs épices), le safran, la cannelle, la vanille, le gingembre viennent des pays chauds. Mais on trouve aussi des épices en France, comme l'anis, les herbes de Provence, l'ail ou la moutarde. 51

? **Le sais-tu ?**
Au Moyen Âge, les épices rares étaient aussi précieuses que l'or. Elles servaient à se parfumer, à se soigner et à cuisiner. Les marchands se rendaient par bateau à l'autre bout du monde pour en rapporter. Elles étaient réservées aux rois et aux nobles.

Le vin

52

Dans le vignoble

❶ La vigne est un un petit arbre qu'on cultive pour ses fruits : les raisins.

❷ À l'automne, les raisins sont mûrs.
C'est le temps des vendanges.
Le vigneron récolte les grappes de raisin à la main ou avec une machine à vendanger. En fin de saison, les feuilles tombent et sont emportées par le vent.

❸ Les grappes de raisin sont déposées sur une grande table en Inox.
On enlève les grains abîmés ou qui ne sont pas assez mûrs.

53

Dans le pressoir

❹ Une machine sépare les grains de raisin de leur tige : la rafle. Ils sont ensuite écrasés entre deux rouleaux. Autrefois, les vignerons écrasaient le raisin en les piétinant.

❺ On récupère les grains écrasés et le jus qu'on laisse fermenter dans des cuves. Le sucre des grains de raisin se transforme en alcool. Ensuite, le tout est pressé.

54

À la cave...

❻ On laisse vieillir les bons vins dans des tonneaux en chêne pendant plusieurs mois. Le bois parfume le vin et lui donne un goût particulier.

❼ Le vin est sorti des tonneaux et mis dans des bouteilles. On bouche souvent les bouteilles de vin avec un bouchon en liège.

Le sais-tu ?
Les bouchons en liège sont fabriqués à partir de l'écorce du chêne-liège, un arbre qui pousse dans les pays du Sud. L'écorce est retirée en grandes plaques, puis séchée au soleil. On taille ensuite les bouchons dans l'écorce séchée.

L'eau

55 

D'où vient l'eau du robinet ?

➽ Dans la nature, l'eau se trouve dans les mers, les rivières et les sous-sols. Mais elle n'est pas souvent bonne à boire. L'eau de mer est salée. L'eau des rivières et du sous-sol contient des bactéries qui peuvent nous rendre malades. Avant de faire arriver l'eau dans les maisons, on la traite dans une usine.

56 

Comment rend-on l'eau potable ?

➽ De grosses pompes aspirent l'eau dans les nappes du sous-sol. Cette eau est filtrée pour enlever l'herbe et les cailloux. Elle est aussi traitée avec des produits chimiques pour tuer les bactéries. Puis elle est récupérée et filtrée à travers plusieurs couches de sable. Elle est devenue potable : on la stocke dans des grands châteaux d'eau.

Comment arrive-t-elle à la maison ? 57

➜ L'eau potable est distribuée dans les villes et les villages par de gros tuyaux. Chaque maison a une arrivée d'eau. Dans la maison, l'eau circule dans des tuyaux qui la conduisent aux différents robinets.
La pression de l'eau dans les tuyaux est très forte, c'est ce qui permet à l'eau de couler dès qu'on ouvre un robinet.

Qu'est-ce que c'est l'eau minérale ? 59

➜ L'eau minérale est celle qui est vendue en bouteille de verre ou de plastique.
Elle provient d'une source souterraine très pure et contient des sels minéraux bons pour la santé. Pour faire de l'eau gazeuse, de l'eau à bulles, on ajoute un ou plusieurs gaz à de l'eau minérale. Certaines sources ont une eau déjà pétillante.

Le sais-tu ?
L'eau recouvre 70 % de la planète, mais il n'y a que 2,5 % d'eau douce. Un Américain dispose de 600 litres d'eau par jour, un Européen de 200 litres et un Africain seulement de 30 litres et cette eau n'est pas souvent propre. Beaucoup d'enfants meurent à cause de ces eaux sales.

C'est vrai que l'on fait des tissus avec le pétrole ?

Comment fabrique-t-on du cuir ?

D'où vient le jean ?

Comment fait-on du tissu ?

Qui cultive le coton ?

Comment fait-on des bottes en caoutchouc ?

Comment s'habillaient les hommes préhistoriques ?

Comment c'est fait les vêtements ?

Questions 60 à 82

Le pull de laine

60

❶ Les moutons sont élevés pour leur viande, mais aussi pour leur laine, une toison épaisse et frisée. Plus le mouton est jeune, plus sa laine est fine. Les éleveurs tondent leurs moutons au printemps avec des ciseaux spéciaux ou une tondeuse. La laine des moutons repousse pendant l'été.

61

❷ La laine tondue sur le mouton doit être lavée plusieurs fois pour la débarrasser de la poussière et des brindilles. Chaque poil est également recouvert d'une graisse naturelle qui le rend imperméable. Cette graisse est récupérée pour fabriquer des produits de beauté ou du cirage.

62

❸ La laine est triée à la main. Elle est ensuite cardée pour démêler les poils. Autrefois, on utilisait des brosses hérissées de pointes pour faire ce travail. Aujourd'hui, la laine est cardée en usine, elle passe entre deux grands rouleaux couverts de très fines pointes d'acier qui tournent à grande vitesse. La laine est ensuite peignée avec des peignes de plus en plus fins.

❹ La laine est filée. Autrefois, on filait avec un rouet (comme dans le conte de *la Belle au bois dormant*). Aujourd'hui, une machine étire les fibres de laine et les entortille pour faire de longs fils qui sont souvent regroupés par trois. Naturelle, la laine est beige, marron ou noire. Pour avoir une laine de couleur, on trempe les fils dans des bains de teinture bouillante.

63

❺ Les fils de laine colorés sont mis en écheveaux, en pelotes ou en bobines. Quand on sait tricoter, on peut fabriquer un pull avec des aiguilles en suivant un modèle. Les pulls qu'on trouve dans les magasins sont fabriqués par des machines : les métiers à tisser. Les fils de laine sont entrecroisés pour former des motifs.

64

Le sais-tu ?
Le mouton a été le premier animal domestiqué par les êtres humains pour s'habiller. Mais on élève d'autres animaux pour leur laine. Celle du lapin angora est particulièrement douce. Le mohair est la laine d'une chèvre à poils longs. L'alpaga une sorte de lama d'Amérique du Sud, donne une laine très chaude et légère.

Le T-shirt en coton

65

Avec quoi est fait un T-shirt ?

➽ Beaucoup de vêtements sont fabriqués avec les poils blancs des graines d'une plante, le cotonnier. Les fibres de coton sont entortillées pour faire des fils. Les fils sont ensuite teints puis tissés. On coupe des morceaux de tissu et on les coud ensemble pour faire des T-shirts, des pantalons, des jupes ou des culottes.

66

Comment fait-on du tissu ?

➽ Pour faire du tissu, on entrecroise des fils, par exemple des fils de coton ou de soie. Les premiers métiers à tisser datent de l'Égypte des pharaons. Peu à peu, on a développé des métiers de plus en plus perfectionnés pour faciliter le travail. Aujourd'hui, les métiers à tisser sont pilotés par ordinateur.

67

Qui cultive le coton?

➽ Le coton est tiré de la graine d'un arbuste, le cotonnier, qui pousse en Chine, aux États-Unis, en Inde et en Afrique. En Afrique, le coton est ramassé à la main. Aux États-Unis, la récolte est faite aujourd'hui par des machines. Mais autrefois, on a fait venir des esclaves noirs d'Afrique pour travailler dans les champs de coton.

68

D'où vient le jean?

➽ Le jean est un pantalon de coton. Il a été inventé en France, dans la ville de Nîmes où on fabriqua une toile très solide teinte en bleu. Cette toile servait à confectionner des pantalons pour les marins italiens. Elle a ensuite été utilisée pour fabriquer les salopettes des chercheurs d'or.

Le sais-tu?
Le coton sert à faire des vêtements mais on l'emploie aussi en pharmacie. Il y a des fibres de coton dans les billets de banque. L'huile de coton contenue dans la graine est récupérée et utilisée pour l'alimentation ou pour faire du savon.

Les chaussures en cuir

69

Comment fait-on les chaussures ?

➽ Les chaussures sont faites avec du cuir. On réalise d'abord un faux pied en bois ou en plastique pour fabriquer la chaussure dessus. Puis, on découpe différents morceaux de cuir qu'on coud ensemble. On ajoute la semelle, le dessous de la chaussure, en cuir ou en caoutchouc. Sur certaines chaussures, on met aussi un talon en bois ou en cuir.

70

Comment fabrique-t-on du cuir ?

➽ Le cuir est fait avec la peau des animaux. La peau doit d'abord être raclée pour enlever la chair, la graisse. On enlève aussi les poils. Pour empêcher la peau de pourrir, il faut la tanner. On la plonge pendant deux jours dans du chrome et d'autres produits chimiques qui la dessèchent. Ces produits sont très polluants et dangereux pour ceux qui les utilisent.

Comment s’habillaient les hommes préhistoriques ? 71

➽ On a retrouvé des outils qui montrent que les hommes préhistoriques utilisaient la peau des grands animaux tués à la chasse pour se fabriquer sans doute des vêtements et se protéger de la pluie et du froid. Sans traitement, les peaux pourrissaient vite et sentaient mauvais. Ils eurent alors l’idée de la faire tremper avec des morceaux d’écorce.

Quels animaux utilise-t-on pour faire du cuir ? 72

➽ On peut faire du cuir avec la peau de tous les animaux. Aujourd’hui, on utilise la peau de porc, de vache, de mouton pour faire des chaussures. Les sacs sont faits en peau de mouton, de chèvre mais aussi de buffle, de crocodile, d’autruche. Les gants sont en peau d’antilope, de daim, d’agneau.

Le sais-tu ? Certaines grandes marques d’équipement sportif font fabriquer leurs chaussures et leurs vêtements dans des pays pauvres. Les ouvriers y font le même travail qu’ailleurs mais ils sont beaucoup moins bien payés. On pense que des enfants travaillent aussi à la fabrication de ces objets.

Le foulard en soie

73 

❶ La soie est un tissu très doux et brillant. Il est fabriqué avec le fil du cocon d'un papillon. On l'appelle ver à soie mais il s'agit en fait de la chenille du bombyx du mûrier. Ce papillon de nuit aux ailes claires est élevé en Chine depuis 4 000 ans.

75 

❸ Les chenilles se nourrissent de feuilles de mûrier pendant cinq semaines et deviennent énormes. Elles tissent alors un cocon avec leur bave qui forme un grand fil de soie très fin. Déroulé, le fil mesure plus de 1 km !

74

❷ Chaque année, les femelles papillons pondent des centaines d'œufs minuscules sur des feuilles de mûrier. Ces œufs donnent naissance à des larves qui se transforment en chenilles.

Dans les élevages, les chenilles sont mises dans des grands plateaux couverts de feuilles de mûrier.

❹ Pour récupérer le fil de soie, les éleveurs ramassent les cocons avant que le papillon ne le déchire pour sortir. Les cocons sont mis à sécher dans de l'air très chaud. L'insecte meurt et la coque en fil de soie se dessèche. 76

❺ Les coques sont ensuite ramollies dans de l'eau bouillante et brossées. Le fil de chaque cocon est déroulé. Il faut entortiller plusieurs fils pour obtenir un fil assez épais pour être tissé. 77

❻ Pour obtenir 1 kg de soie, il faut 45 000 cocons. Le fil de soie est à la fois doux et très solide. Il est aussi résistant qu'une fibre synthétique comme le Nylon.

78

Le sais-tu ?
La soie est un tissu de luxe. Les Chinois ont très longtemps gardé sa fabrication secrète et vendaient la soie très cher aux Européens. Elle était réservée aux riches seigneurs qui en portaient de la tête au pieds. Même leurs bas et leurs chaussures étaient en soie !

Les tissus synthétiques

79

C'est vrai que l'on fait des tissus avec le pétrole ?

➽ Aujourd'hui, on arrive à créer toutes sortes de fibres artificielles dans des laboratoires. La viscose est faite avec des déchets de bois récupérés dans les scieries. On l'appelle la soie artificielle. À partir du pétrole, on fait des fibres synthétiques comme les polyesters ou les polyamides.

80

Qu'est-ce que c'est une matière synthétique ?

➽ On fabrique ces matières avec le plastique tiré du pétrole. La première fibre plastique inventée est le Nylon qui sert à faire des collants. Depuis, de nombreux tissus synthétiques sont apparus. Certains sont très élastiques, d'autres laissent passer l'air, d'autres encore sont plus solides que l'acier. On peut mélanger ces fibres avec du coton ou de la laine.

Et le caoutchouc, c'est naturel ou artificiel ?

81

➽ Dans la nature, on trouve du caoutchouc dans la sève de certains arbres tropicaux comme l'hévéa. Le caoutchouc est imperméable et élastique. Il sert par exemple à faire des bottes étanches. Mais le caoutchouc naturel est une matière rare, alors on fabrique du caoutchouc artificiel à partir du pétrole.

Comment fait-on des bottes en caoutchouc ?

82

➽ On fait une pâte de caoutchouc et de soufre et on l'aplatit en fines feuilles qui devront être utilisées le jour même. Toutes les pièces de la botte sont découpées et assemblées manuellement sur des formes en aluminium. Le caoutchouc se déchire très facilement avant d'être passé dans un four très chaud. Au bout d'une heure, le caoutchouc est devenu indéformable et indéchirable.

Le sais-tu ?
On peut fabriquer de la laine polaire en récupérant le plastique des bouteilles usagées. Ces bouteilles sont broyées, réduites en paillettes et recyclées. Il faut 2 bouteilles en plastique pour fabriquer une écharpe en polaire et 27 bouteilles pour un pull en polaire.

Comment fabrique-t-on une assiette?

Comment ça marche le papier recyclé?

En quoi sont fabriqués les ballons de football?

Comment les bougies sont-elles fabriquées?

Comment ça marche, un médicament?

Comment tient la mine dans le crayon?

Comment peut-on faire parler une poupée?

Comment c'est fait les objets de la maison ?

Questions 83 à 109

Les bouteilles

83

La bouteille en verre

❶ Le verre est fabriqué avec du sable, de la chaux (tirée d'une pierre calcaire) et de la soude (un produit chimique). Le mélange est chauffé dans un four à très haute température : 1 500 °C. Sous la chaleur, les matières fondent et deviennent une pâte orange, molle et brûlante.

❷ À la verrerie, les objets en verre sont fabriqués automatiquement par des machines. Un distributeur laisse tomber une goutte de verre fondu dans un moule.

❸ La goutte est gonflée avec de l'air, elle se creuse et prend la forme d'une bouteille. Un jet d'air froid refroidit le verre. La bouteille est prête.

❹ Quelques artisans verriers travaillent encore le verre à la main. Ils récupèrent le verre fondu au bout d'un long tube et soufflent dedans pour donner sa forme à l'objet.

La bouteille en plastique

❶ Le plastique est fabriqué à partir des vapeurs qui s'échappent du pétrole chauffé. Les chimistes peuvent créer plusieurs sortes de plastiques.

❷ Le plastique utilisé pour faire des bouteilles s'appelle le polyéthylène haute densité. Il est transparent, lisse et solide. Pour lui donner la forme d'une bouteille, on utilise la méthode du soufflage, comme pour le verre.

❸ On fait descendre un tube en plastique chaud dans un moule en forme de bouteille et on envoie de l'air comprimé dans le tube. Le plastique gonfle comme un ballon et prend la forme du moule.

Le sais-tu ?
Les objets en verre peuvent être facilement recyclés. Ils sont chauffés et refondus pour faire du verre neuf. C'est important de trier les bouteilles et les bocaux et de les mettre dans des grandes poubelles spéciales !

Les assiettes et les couverts

85

Comment fabrique-t-on une assiette?

❶ Les assiettes sont fabriquées avec de l'argile, une roche molle qu'on appelle aussi terre glaise. L'argile est facile à travailler quand elle est mouillée et elle devient résistante en cuisant.

❷ À l'usine, on fabrique des moules en plâtre qui donneront leur forme aux assiettes. Pour chaque collection, on refait des moules de différentes formes. Les tasses, les bols, les plats sont fabriqués de la même manière.

❸ Des galettes d'argile sont moulées sur les modèles de plâtre par des machines. Elles sont ensuite posées sur des rayons de bois et on les fait sécher à l'air libre. La surface des assiettes est ensuite polie pour être bien lisse.

❹ Les assiettes sont cuites une première fois dans un four pendant 30 heures à 1 100 °C. Elles sont chargées automatiquement d'un côté du four et ressortent de l'autre côté. Elles doivent rester poreuses pour pouvoir être émaillées.

❺ Les assiettes cuites sont trempées dans l'émail pour leur donner des couleurs et de la brillance. Elles cuisent ensuite encore 12 heures dans le four.

Et les couverts ?

➽ Autrefois, les couverts étaient en bois dans les familles pauvres et en argent dans les familles riches. Aujourd'hui, les couverts en argent sont de moins en moins utilisés. Les couteaux, les fourchettes et les cuillères sont en acier inoxydable. L'acier inoxydable est un alliage de plusieurs métaux : du fer, du chrome et du nickel, qui, contrairement au fer, ne rouille pas.

86

Le sais-tu ?

La vaisselle en porcelaine est une vaisselle très fine et précieuse. Elle est fabriquée à partir de kaolin, une sorte d'argile assez rare. Les Chinois ont été les premiers à fabriquer de la porcelaine et les Européens eurent bien du mal à comprendre le secret de sa fabrication !

Les allumettes et les bougies

Les allumettes

❶ Les troncs de bois sont écorcés puis tronçonnés en rondins. On déroule ensuite ces rondins en feuilles, qu'on empile les unes sur les autres.

❷ Les feuilles de bois passent dans un hachoir qui les découpe en petits bouts. Ces petits bouts sont lissés et traités pour ne pas brûler trop vite.

❸ On fabrique la pâte rouge qui forme le bouton de l'allumette avec un mélange de produits chimiques.

❹ Toutes les petites tiges de bois sont acheminées par une machine jusqu'à une cuve remplie de cette pâte. La machine les trempe toutes en même temps dans le bain rouge. 88

❺ Les allumettes sont ensuite séchées et mises dans des tiroirs. Quand les tiroirs sont remplis, ils sont glissés dans les boîtes d'allumettes.

89

Comment les bougies sont-elles fabriquées ?

➽ Les bougies sont fabriquées avec de la cire d'abeille ou de la paraffine, un dérivé du pétrole. On verse ces produits liquides dans un moule et ils durcissent en séchant. La mèche de la bougie est en coton tressé. Quand la mèche brûle, la cire ou la paraffine fondent avec la chaleur, elles montent le long de la mèche et alimentent la flamme.

? Le sais-tu ?
Les plus anciennes méthodes pour faire du feu datent de la préhistoire. Le feu était obtenu en frottant longtemps deux morceaux de bois l'un contre l'autre ou en frappant un silex avec une autre pierre contenant du fer.

Les ballons et les jouets

90 **En quoi sont fabriqués les ballons de football ?**

➽ Les bons ballons de football sont faits en cuir synthétique. Les ballons professionnels utilisés pendant les matchs sont constitués de 32 morceaux de cuir cousus les uns aux autres. À l'intérieur, il y a une poche remplie d'air, la vessie.

91 **Pourquoi le ballon rebondit-il sur le sol ?**

➽ Quand un ballon touche le sol, cela ne se voit pas mais le ballon s'aplatit, il se déforme. À l'intérieur, l'air est serré, on dit qu'il est comprimé. Puis l'air reprend sa place d'un coup, le ballon reprend sa forme ronde, ce qui l'écarte du sol. Sur du sable, c'est le sol mou qui se déforme et le ballon ne rebondit plus.

Comment peut-on faire parler une poupée ? 92

➽ Au moment de sa fabrication, on place dans le corps de la poupée une puce électronique qui contient des phrases enregistrées. Elle répète ces phrases quand on appuie sur un bouton.
On peut aussi programmer la poupée pour que sa voix se déclenche quand on lui donne le biberon ou qu'on la couche.

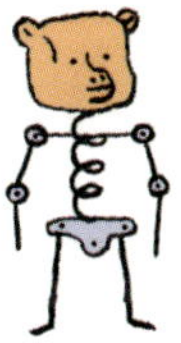

Comment fait-on une peluche ? 93

➽ Les peluches sont faites en fourrure synthétique avec des yeux en plastique.
Au XIXe siècle, les peluches étaient fabriquées en vraie fourrure de lapin ou en laine. Leurs yeux étaient en verre et leur nez en bouton de bottine, en métal. À l'intérieur, on les bourre de paille, de sciure de bois ou de mousse de plastique.

? Le sais-tu ?
Les ballons de football sont souvent cousus à la main par les enfants des pays pauvres, comme l'Inde. Leur travail est difficile et mal payé. La fédération de football, la FIFA, s'est engagée à surveiller les méthodes de fabrication des ballons utilisés pour les matchs de Coupe du monde.

Le papier

94

Pour fabriquer du papier

❶ Le papier est fabriqué à partir d'une matière contenue dans le bois : la cellulose. En France, on ne détruit pas des forêts entières pour faire du papier, on utilise surtout des déchets de bois qu'on récupère dans les scieries.

❷ Les morceaux de bois sont râpés et broyés en minuscules petits bouts. Pour fabriquer la pâte à papier, on fait ramollir ces très petits bouts de bois dans l'eau. Il faut de grandes quantités d'eau !

❸ Pour rendre le papier imperméable, le colorer ou faire du papier bien blanc, on ajoute à la pâte des produits chimiques. À cause de cela, l'industrie du papier est très polluante pour la nature.

❹ Pour fabriquer les feuilles de papier, on verse la pâte sur un tapis roulant troué qui aspire l'eau. Elle est ensuite compressée entre des rouleaux et séchée. Elle est aussi lissée pour avoir partout la même épaisseur.

❺ L'immense feuille obtenue est alors enroulée sur de grosses bobines. Les machines qui produisent le papier sont gigantesques. Elles fonctionnent jour et nuit toute l'année et fabriquent des milliers de mètres de papier par minute.

Comment ça marche le papier recyclé ?

On peut recycler le papier journal et fabriquer de la pâte à papier avec. Le papier peut être recyclé jusqu'à 10 fois ! On peut aussi faire du papier à partir de chiffons de coton ; c'est le papier qu'on utilise pour faire des billets de banque.

95

Le sais-tu ?
Les scribes égyptiens écrivaient sur des rouleaux faits de lanières de papyrus, une espèce de roseau. Le papier fut inventé par un Chinois qui avait observé comment des guêpes fabriquaient leur nid en mâchonnant des fibres de bambou.

La peinture, le pinceau, le crayon

96

Comment tient la mine dans le crayon ?

➔ Pour fabriquer des crayons, on creuse des rainures dans une planchette de bois (1). On fait ensuite couler une pâte noire à base de graphite (2) pour les crayons de papier ou une pâte de couleur dans les rainures. On colle ensuite une deuxième planchette de bois sur la première (3). Quand la colle a séché, les planchettes passent dans une raboteuse qui sépare les crayons (4) et leur donne leur forme.

97

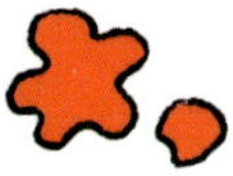

Comment sont fabriquées les couleurs ?

➽ Aujourd'hui, les pigments qu'on utilise pour colorer la peinture sont synthétiques.

Quelques couleurs comme les marrons, les ocres, sont d'origine naturelle.

Autrefois, on utilisait des pierres, des végétaux, des animaux. Le lapis-lazuli donnait du bleu.
La garance, un petit arbre, donnait un rouge éclatant.

98

Comment une gomme efface-t-elle les traces de crayon ?

➽ Le crayon laisse une trace sur le papier rugueux, car les petites particules de crayon restent coincées dans les mailles du papier. La gomme en caoutchouc synthétique remue les fibres du papier. Elle les écarte et libère les petites particules de graphite.

99

Comment sont faits les pinceaux ?

➽ Les pinceaux ont en général un manche en bois. Leurs poils sont des poils de martre ou de porc. On trouve aussi des pinceaux avec des poils en plastique. Il y a des pinceaux ronds, des pinceaux plats, des petits, des gros. Les Chinois appellent le pinceau un crayon à poils.

Le sais-tu ?
La gomme n'efface pas les traces de peinture ou celles de feutre. Les couleurs du feutre sont liquides, comme la peinture, et elles sont absorbées par les fibres de papier. La couleur est à l'intérieur du papier et ne peut plus être effacée.

Les médicaments

100 **Comment trouve-t-on les médicaments?**

➽ Plus de la moitié des médicaments que nous utilisons aujourd'hui sont faits à base de plantes. Les autres sont fabriqués avec des molécules artificielles, des extraits d'animaux ou de minéraux. Certaines plantes qui soignent sont utilisées depuis le Moyen Âge.

101 **Comment ça marche, un médicament?**

➽ La maladie transforme l'équilibre de notre corps. En réaction, nous pouvons avoir de la fièvre, des maux de ventre, des vomissements... Certaines plantes sont connues pour provoquer dans le corps un déséquilibre inverse à celui de la maladie. On les utilise alors pour fabriquer un médicament contre cette maladie.

102

Est-ce que toutes les plantes sont bonnes?

➼ Il faut faire très attention avec les plantes, car certaines sont toxiques et parfois même mortelles. Le mot «pharmacie» vient d'ailleurs du mot grec *pharmakon,* qui veut dire «poison». Les plantes doivent être transformées en médicament avant d'être utilisées. Et il faut toujours respecter les indications du médecin!

103

Est-ce qu'on peut découvrir de nouveaux médicaments?

➼ Dans les forêts tropicales, des scientifiques cherchent des espèces de fleurs inconnues qui pourraient devenir la base de nouveaux médicaments. Ils se renseignent auprès des Indiens sur leur médecine, puis étudient en laboratoire les plantes pour vérifier leur efficacité.

Le sais-tu?
Le nom des fleurs donne parfois une idée de leurs pouvoirs. Le pissenlit donne envie de faire pipi, l'herbe aux verrues soigne les verrues, la casse-lunette soulage les maladies des yeux, la verveine est appelée herbe à tous les maux.

Le parfum

104 ❶ Les horticulteurs font pousser des fleurs parfumées, des roses ou du jasmin par exemple. Les fleurs sont cueillies une par une, à la main. Quand il y en a suffisamment, des camions frigorifiques les transportent à l'usine. On utilise aussi des fruits (bergamote), des racines (vétiver).

105 ❷ Pour recueillir le parfum des fleurs, on les trempe dans un solvant, un produit qui les dissout. On recueille un liquide parfumé que l'on concentre. Tout à la fin, on obtient l'« absolue », une essence de parfum très forte. Il faut une tonne de fleurs pour faire 1 kg d'absolue.

106 ❸ Aujourd'hui, beaucoup d'odeurs sont reconstituées en laboratoire. Ces odeurs artificielles sont plus stables que les odeurs naturelles.
Elles coûtent également moins cher à fabriquer. On peut inventer des odeurs ou reproduire les parfums du muguet ou du lis, qui sont impossibles à capturer naturellement.

❹ La personne qui invente des parfums s'appelle un « nez ». Il a une très bonne mémoire des odeurs ! Dans son bureau, il est entouré de plus de 400 flacons d'odeurs différentes, l'orgue à parfums. Le créateur choisit d'abord une note de base, cela peut être une odeur de fleur, une odeur de fruit, une odeur boisée.

107

❺ Le nez sélectionne d'autres odeurs en harmonie avec la dominante qu'il a choisie. Quand il a fini, il teste la tenue du parfum avec des petits buvards. Un parfum a trois notes : la note de tête qu'on sent d'abord, la note de cœur qui reste quelques heures, la note de fond qui dure.

108

❻ Quand le parfum est prêt, un designer imagine un flacon. Les flacons de parfum sont en verre et sont parfois très compliqués.

Le sais-tu ?
On n'utilise pas seulement les parfums pour faire des produits de beauté ! Certains magasins utilisent des parfums pour tenter leurs clients. Devant certaines boulangeries, par exemple, on diffuse un parfum qui rappelle la brioche ou les croissants chauds.

109

Pourquoi les maisons neuves sont-elles toutes pareilles ?

Comment fabrique-t-on un miroir ?

Comment fait une grue pour ne pas tomber ?

Comment fabrique-t-on une vitre ?

C'est quoi l'isolation ?

Comment c'est fait la maison ?

Questions 110 à 136

La construction d'une maison

110 ❶ Avant de construire une maison, un géomètre mesure le terrain et la pente du sol. Il utilise un appareil qui calcule les angles et les surfaces. Il fait ensuite des plans du terrain.

111 ❷ L'architecte dessine la maison sur son ordinateur. Il doit tout imaginer : l'extérieur, l'intérieur, la place des portes, des fenêtres. Ses plans sont très précis, tout y est mesuré.

112 ❸ Avant de commencer la construction, on creuse la terre à la pelleteuse. Pour que la maison soit solide, on fait des fondations. Entre deux plaques de bois, on coule du ciment sur des tiges d'acier. On fait ensuite une dalle en ciment bien plate.

❺ Le couvreur pose des planches de bois entre les poutres de la charpente. Il fixe dessus les tuiles ou les ardoises. Sous le toit, on met de la laine de verre pour isoler la maison du froid.

❻ Quand le toit est étanche, on monte des cloisons pour séparer les différentes pièces.

❹ Un maçon empile des blocs de ciment, des parpaings, pour faire les murs. Il laisse des espaces vides pour les fenêtres et la porte.

❼ Ensuite l'électricien fait passer des fils électriques dans toutes les pièces de la maison et pose des prises.

❽ Le plombier pose les tuyaux d'arrivée et d'évacuation de l'eau. Le chauffagiste installe les radiateurs et la chaudière. Il reste encore à poser le parquet et le carrelage et à faire les peintures.

Le sais-tu ?
La construction d'un immeuble nécessite un chantier plus important avec des grues pour assembler les murs construits dans des usines. Les matériaux utilisés ne sont pas les mêmes. À la place du bois, des briques ou du ciment, on utilise en général de l'acier, du béton et du verre.

Sur le chantier

114

Pourquoi est-il interdit d'entrer sur un chantier ?

➽ Le chantier est un endroit dangereux. Des objets peuvent tomber des échafaudages, les machines creusent des trous profonds dans le sol.

C'est pour cela que l'entrée des chantiers est interdite par des barrières et que les ouvriers portent des casques de protection.

115

Comment fait une grue pour ne pas tomber ?

➽ Sur les chantiers, les grues sont très utiles pour monter les matériaux en hauteur. Pour empêcher la grue de basculer quand elle porte des choses lourdes, on met des gros blocs de béton de l'autre côté. On fixe aussi des blocs de béton au pied de la grue pour qu'elle ne bouge pas.

116

Pourquoi les maisons neuves sont-elles toutes pareilles ?

➽ Autrefois, les maisons de chaque région étaient construites en fonction des ressources de la région : la terre, le bois, la pierre. Aujourd'hui, avec l'invention du ciment et du béton, on construit le même genre de maisons partout.

117

C'est quoi l'isolation ?

➽ Pour empêcher le froid de rentrer, on isole le toit et les murs extérieurs avec des matériaux comme la laine de verre ou le polystyrène. On isole aussi les murs intérieurs de la maison contre le bruit. Les vitres à double vitrage protègent, elles, du bruit de la rue.

Le sais-tu ?
Au Moyen Âge, la construction d'un château fort durait 25 ans. Pour monter les pierres en haut des tours, on utilisait une cage à écureuil. C'était une grande roue en bois à l'intérieur de laquelle un homme marchait. Il faisait tourner la roue et tirait une corde fixée à une poulie en haut d'un mât. C'est l'ancêtre de la grue.

Les planches et les poutres

118 

❶ Dans la forêt, les bûcherons coupent à la tronçonneuse les arbres marqués d'une croix. Ils retirent les branches et ne laissent que les troncs, empilés les uns sur les autres. Attention, il est interdit de couper les arbres sans autorisation !

119 

❷ Les troncs d'arbre sont encore verts. Ils contiennent de l'eau et de la sève et ils doivent sécher longtemps avant d'être utilisés.
Si on utilise le bois trop vite, il se déforme et se fend en séchant.

120 

❸ Les planches sont fabriquées à la scierie. Tout est automatisé pour éviter les accidents.
Les troncs sont entraînés par des rails et passent sous de grandes scies circulaires.

❹ Le bois n'est pas toujours brut. Les planches de contreplaqué sont faites de plusieurs couches de bois collées les unes aux autres. L'aggloméré est fait de copeaux de bois collés et pressés.

121

❺ Le bois est très utile ! Avec un poêle à bois, on peut chauffer la maison. Le bois de mélèze, très dur, est employé pour la charpente des maisons. On utilise le hêtre ou le chêne pour fabriquer des parquets.

122

❻ Pour faire des meubles, on choisit plutôt le hêtre ou l'épicéa, qui a un bois blanc. Le cerisier et le noyer sont des bois assez rares et ils servent à faire des meubles de luxe.

Le sais-tu ?
Les arbres des forêts tropicales, comme le teck, résistent à la pluie et aux insectes. Ils sont vendus dans les pays riches pour fabriquer des portes, des meubles, des terrasses. Mais à force de couper les arbres, la forêt tropicale diminue à toute vitesse et ses habitants sont en danger !

123

Les briques

Les briques qu'on utilise pour construire les maisons sont généralement fabriquées dans des usines. Dans les pays où on trouve sur place la terre et le sable, on peut fabriquer les briques à la main.

124 

❶ La brique est préparée avec un mélange de deux terres différentes : une terre argileuse et une terre sableuse. On fait un gros tas avec ces deux terres et on les arrose d'eau jusqu'à ce que cela fasse de la boue.

125 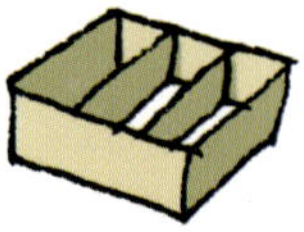

❷ Pour faire les briques, l'artisan utilise un moule métallique en trois parties. Il remplit chaque compartiment d'une boule de boue et lisse le dessus avec de l'eau.

❸ L’artisan renverse ensuite le moule et pose les trois briques sur le sol. Pour qu’elles ne collent pas au sol, il met une couche de poudre de brique cuite. Les briques doivent d’abord sécher pendant deux jours de chaque côté.

126

❹ Les briques sont ensuite empilées sous des feuilles de cocotier, qui les protègent de la pluie. Quand il y en a assez, on les fait cuire au four pendant trois jours et trois nuits.

127

❺ Il faut attendre une journée que les briques refroidissent avant de les sortir du four. Les briques sont ensuite livrées sur les chantiers de construction.

Le sais-tu ?
Dans les pays méditerranéens, on utilise aussi la terre argileuse pour fabriquer des tuiles pour les toits. Dans certaines régions, comme la Bretagne, on fait des toits en ardoise, une pierre noire et plate. Dans certaines régions de montagne, on trouve des toits très lourds faits avec des grosses pierres plates. Le toit de chaume, lui, est fabriqué avec de la paille.

128

Les vitres des fenêtres

129

Comment fabrique-t-on une vitre ?

❶ Les vitres sont faites en verre. On mélange les différents ingrédients : sable, chaux, soude et on les fait chauffer très fort pour obtenir une pâte visqueuse.

❷ La pâte de verre est ensuite envoyée sur de l'étain fondu dans une pièce sans air. Le verre flotte sur l'étain et s'étale en une fine couche.

❸ Une fois le verre refroidi, une machine découpe le ruban de verre avec des pointes en diamant pour faire des plaques.

❹ Pour soulever les plaques de verre sans les casser, on utilise de grosses ventouses.

130

Comment fabrique-t-on un miroir ?

➽ On peut voir son reflet dans une vitre, car le verre plat renvoie la lumière. Le miroir est fait en verre, mais on met une plaque de métal (argent, étain ou aluminium) derrière le verre pour réfléchir complètement la lumière.

131

➳ Avant l'époque du Roi Soleil, les fenêtres des châteaux étaient constituées de petits losanges de verre fixés les uns à côté des autres.

Le sais-tu ?
Au Moyen Âge, dans les familles pauvres, on n'utilisait pas de carreaux de verre, qui étaient trop chers. À la place, on avait l'habitude de mettre du papier trempé dans l'huile sur les fenêtres. On utilisait aussi des vessies de porc séchées. Ces deux matériaux laissaient passer un peu la lumière et empêchaient le vent d'entrer.

De l'eau propre

132 ❶ Quand on tire la chasse d'eau dans les toilettes ou qu'on vide l'évier après avoir fait la vaisselle, l'eau sale est évacuée par un tuyau qui rejoint les égouts. Les égouts sont de grosses canalisations creusées sous la terre et qui traversent toute la ville.

133 ❷ Les égouts conduisent toutes les eaux usées jusqu'à une station d'épuration. C'est l'endroit où on nettoie l'eau avant de la reverser dans la nature. On reconnaît la station d'épuration à ses grands bassins et à sa mauvaise odeur.

134 ❸ Les eaux usées passent d'abord à travers une grille qui retient les gros déchets (morceaux de bois, cailloux...). Le sable et les graviers, plus lourds que l'eau, tombent au fond d'un bassin où on les récupère. Les graisses, plus légères que l'eau, flottent et elles sont récupérées à la surface.

❹ Ensuite, on laisse l'eau reposer dans des grands bassins où tout ce qui reste se dépose au fond et forme une boue qu'on ramasse. Le problème, c'est que cette boue est toxique et qu'on ne peut pas vraiment la réutiliser. 135

❺ On met ensuite dans l'eau des produits chimiques pour finir de la nettoyer. L'eau propre est enfin rejetée dans la rivière. 136

Le sais-tu ?
Les rivières en France sont souvent polluées. Il y a pourtant des lois qui protègent l'eau des rivières en interdisant de verser des produits toxiques dedans. Il est également interdit d'utiliser des pesticides contre les mauvaises herbes le long des rivières, car ils se retrouvent ensuite dans l'eau.

En quoi sont fabriqués les bateaux ?

C'est quoi une fusée ?

C'est vrai qu'on va manquer de pétrole ?

Comment un avion décolle-t-il ?

Comment creuse-t-on un tunnel ?

Comment fait-on pour produire de l'électricité ?

Comment pilote-t-on un avion ?

Comment c'est fait le transport et l'énergie ?

Questions 137 à 170

La voiture

137 ❶ Les voitures sont construites en acier, une sorte de métal obtenu avec du fer et d'autres matières. Pour fabriquer cet alliage, on fait fondre du fer et du charbon dans de très grands fours, les hauts fourneaux. On obtient ainsi de la fonte.

❷ On injecte ensuite de l'oxygène dans la fonte en fusion. Cela donne de l'acier. Il sort à une température de 1625 °C ! Avant qu'il ne refroidisse, on l'aplatit pour obtenir de grandes feuilles plates qu'on roule en bobines.

138 ❸ À l'usine automobile, les bobines d'acier sont déroulées et coupées. Pour leur donner la bonne forme, on les emboutit, c'est-à-dire qu'on les frappe sur des presses.
On fabrique ainsi les portes, le capot, le toit… toutes les pièces de la voiture.

❹ En assemblant toutes les pièces ensemble, on donne forme à la carrosserie de la voiture. Ce sont des robots qui font ce travail. Ils soudent les pièces entre elles et vérifient eux-mêmes ce qu'ils ont fait. 139

❺ Avant de mettre la peinture, la carrosserie est traitée pour ne pas rouiller. La peinture est faite par des robots, mais le travail est contrôlé par des hommes qui font des retouches si c'est nécessaire.

❻ Le montage est l'étape la plus longue. Des ouvriers fixent le moteur de la voiture, son tableau de bord, ses phares, ses roues et les différentes options demandées par le client.

❼ Avant d'être livrée, la voiture subit une série de tests sur route pour un dernier contrôle qualité. Par la suite, elle est transportée par train, bateau ou camion dans un garage qui la vendra. 140

Le sais-tu ?
Chaque usine est spécialisée dans la construction d'un modèle de voiture. Elle produit des milliers d'exemplaires de ce modèle pour le monde entier.

L'avion

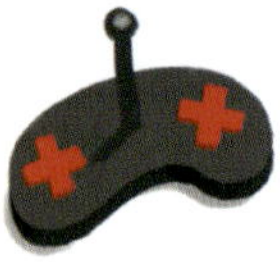

141 **Comment pilote-t-on un avion ?**

➽ L'avion est piloté avec une manette comme celle des jeux vidéo. Les commandes sont doubles. Le pilote prend les commandes à l'aller, le copilote au retour. La cabine de pilotage s'appelle le cockpit.

142 **Comment un avion décolle-t-il ?**

➽ Un avion a besoin de rouler en ligne droite pendant plusieurs kilomètres avant de décoller. Des réacteurs très puissants lui permettent de quitter le sol. Comme les oiseaux, les avions décollent toujours face au vent.

143 **Pourquoi les avions ne se rentrent pas dedans en vol ?**

➽ Avant le décollage, le pilote prépare un plan de vol qui montre la route que son avion va suivre. Pendant le vol, chaque pilote reste en contact permanent avec la tour de contrôle de la région qu'il traverse. Le contrôleur aérien surveille tous les avions de sa région sur un écran radar.

Comment se passe l'atterrissage ? 144

➼ Au moment d'atterrir, l'avion sort son train d'atterrissage. Les roues, équipées de freins, permettent à l'avion de se poser sur la piste. Pendant le vol, le train d'atterrissage est rentré pour ne pas frotter dans l'air.

Que se passe-t-il en cas d'urgence ? 145

➼ En début de vol, une hôtesse de l'air montre aux passagers comment utiliser le gilet de sauvetage et le masque à oxygène. Il tombera automatiquement en cas de besoin. En cas d'accident, un toboggan se gonfle automatiquement à l'ouverture des portes de secours, c'est plus rapide pour sortir de l'avion !

Le sais-tu ?
Le premier vol en avion à moteur eut lieu en 1903. Deux Américains, les frères Wright, ont réussi à voler pendant quelques mètres.

Le train

146 **❶ La voie ferrée** : les trains roulent sur des rails en acier maintenus par des traverses en bois, c'est la voie ferrée. Les roues de la locomotive et des wagons sont aussi en acier et s'emboîtent sur les rails. L'acier contre l'acier permet une grande vitesse, mais interdit de freiner rapidement.

❹ Le passage à niveau : quand une route rencontre une ligne de chemin de fer, on prévoit un passage à niveau. Si un train arrive, une alarme sonne, une lumière clignote et des barrières s'abaissent pour empêcher les voitures d'avancer.

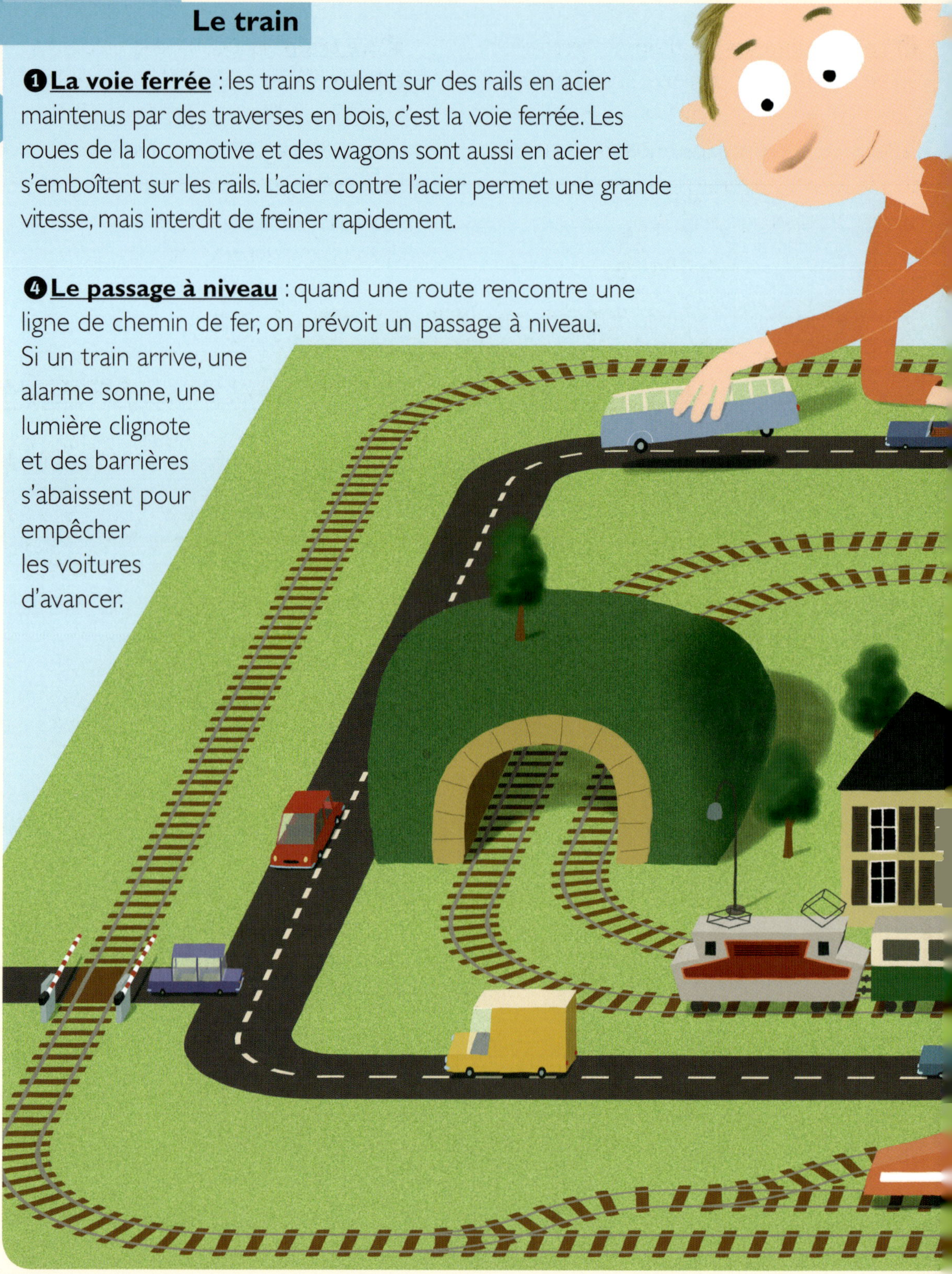

❷ **Les aiguillages** : le train ne peut aller qu'en avant ou en arrière. Pour changer de direction, il faut changer de voie, grâce à l'aiguillage. Comme les automobilistes, les conducteurs des trains suivent les panneaux de signalisation.

❸ **Le train** : la locomotive électrique est reliée à des câbles électriques qui lui donnent l'énergie pour tracter (tirer) les wagons. Certains wagons sont réservés aux voyageurs et d'autres aux marchandises. On peut transporter des voitures sur un train.

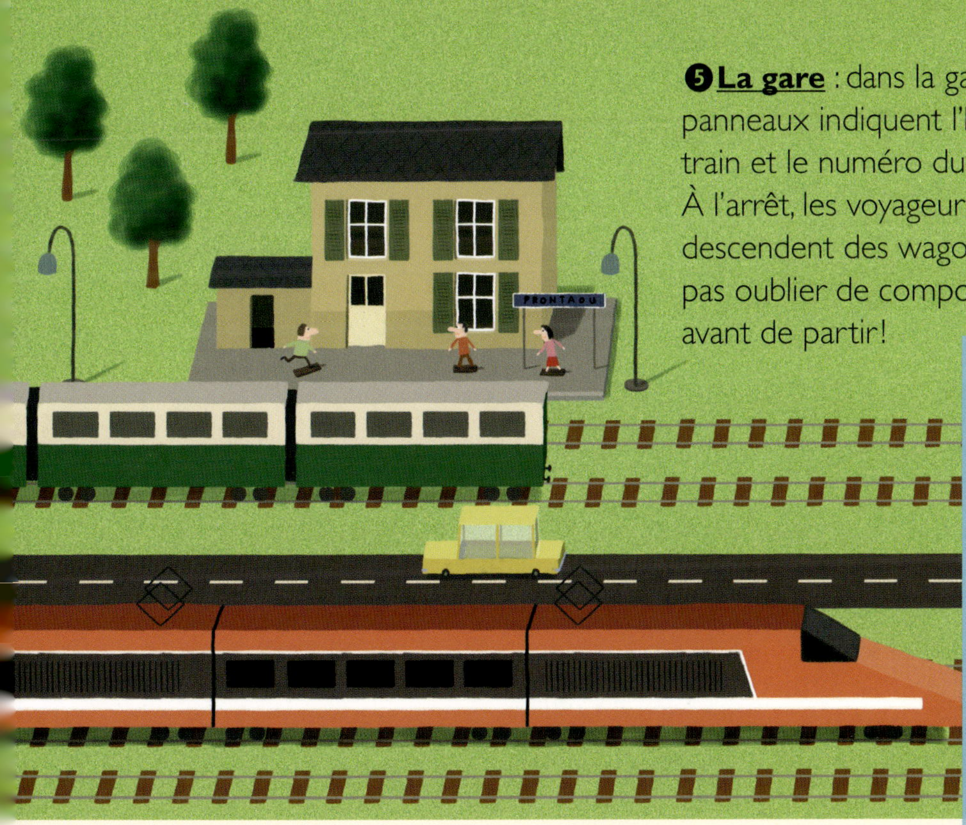

❺ **La gare** : dans la gare, de grands panneaux indiquent l'horaire du train et le numéro du quai.
À l'arrêt, les voyageurs montent et descendent des wagons. Il ne faut pas oublier de composter son billet avant de partir !

Le sais-tu ?
Les lettres de TGV signifient « train à grande vitesse ». Le TGV ne peut rouler à sa vitesse normale, plus de 300 km/h, que sur des lignes de chemin de fer construites exprès et protégées par des grillages. Le record de vitesse du TGV sans voyageurs est de plus de 500 km/h, c'est la plus grande vitesse jamais obtenue sur des rails !

Les bateaux

147 **En quoi sont fabriqués les bateaux ?**

➽ Autrefois, les bateaux étaient presque toujours fabriqués en bois. On trouvait aussi des pirogues en peaux recouvertes de graisse. Aujourd'hui, on fabrique encore des barques en bois, mais beaucoup de bateaux ont une coque en plastique ou en aluminium. Les cargos, les bateaux de guerre sont en acier.

148 **Comment les bateaux flottent-ils sur l'eau ?**

➽ Un morceau de bois flotte sur l'eau alors qu'un objet en métal (comme un clou) coule. Pourtant les cargos, les pétroliers, les ferry-boats sont en acier. Comment peuvent-ils flotter alors que l'acier est plus lourd que l'eau ? C'est parce qu'ils sont creux et qu'ils contiennent beaucoup d'air. Comme l'air est plus léger que l'eau, ils flottent !

Comment font les bateaux pour avancer ? 149

➻ Les bateaux n'ont pas de jambes pour marcher sur l'eau ! Les bateaux à voile utilisent la force du vent. De nombreux bateaux fonctionnent avec des moteurs à essence. Les sous-marins militaires sont propulsés par des réacteurs nucléaires, dont la chaleur fait tourner les hélices.

Est-ce qu'on peut toucher le fond des océans ? 150

➻ Grâce aux sous-marins, on peut descendre sous l'eau. Certains sous-marins spéciaux sont prévus pour aller tout au fond de l'océan. Il est impossible pour un homme de sortir à ces profondeurs, mais le sous-marin a des bras articulés. Il existe aussi des sous-marins de guerre capables de rester sous l'eau pendant des mois.

Le sais-tu ?
Les pétroliers transportent du pétrole dans leurs grandes cuves. Certains bateaux mal entretenus ont des accidents et créent des marées noires. C'est catastrophique pour la nature ! Certains pétroliers nettoient leurs cuves dans la mer, ils polluent volontairement.

Les routes, les tunnels et les ponts

151 Comment sont faites les routes ?

➽ Pour supporter le passage des voitures et des camions sans se déformer, la chaussée, l'endroit où on roule, doit être très solide. La chaussée est faite de plusieurs couches : des morceaux de roches à la base, des gravillons, du sable et du goudron. Chaque couche est écrasée au rouleau compresseur.

152 Comment creuse-t-on un tunnel ?

➽ On utilise un tunnelier, un machine grosse comme un camion qui a la forme d'un long tube. La tête de la machine est couverte de couteaux en métal très dur. Pour creuser, la tête tourne et réduit les rochers en petits morceaux. Un tapis roulant évacue la terre et les roches au fur et à mesure.

Comment construit-on un pont ? 153

➽ Avant de construire un pont, on fait des calculs compliqués pour être certain que le pont résistera aux coups de vents, à la force des courants, au poids des camions. Il existe plusieurs sortes de ponts : des ponts suspendus, des ponts construits avec les piliers dans l'eau, des ponts tournants pour laisser passer des bateaux…

Comment faire pour construire les piliers sous l'eau ? 154

➽ Pour réussir à faire des piliers sous l'eau, il faut enlever l'eau ! On descend de grandes plaques d'acier étanches à l'endroit choisi et on pompe l'eau qu'on a enfermée entre les plaques. Quand il n'y a plus d'eau, on plonge dans le sol de grands pieux en métal autour desquels on va couler du béton.

Le sais-tu ?
On a réussi à construire un tunnel sous-marin qui traverse la Manche, la mer entre la France et l'Angleterre. Pour être certain que le tunnel suivait bien la direction voulue, on a utilisé des lasers qui ont un rayon droit et continu et mesurent très précisément les distances.

Les fusées et les vaisseaux de l'espace

155

C'est quoi une fusée?

➽ Une fusée est un lanceur. Elle sert à propulser dans l'espace un autre engin spatial. Pour pouvoir monter très haut dans l'espace, la fusée a plusieurs étages qui comprennent chacun un moteur et du carburant. Ils se détachent au fur et à mesure, cela rend la fusée plus légère.

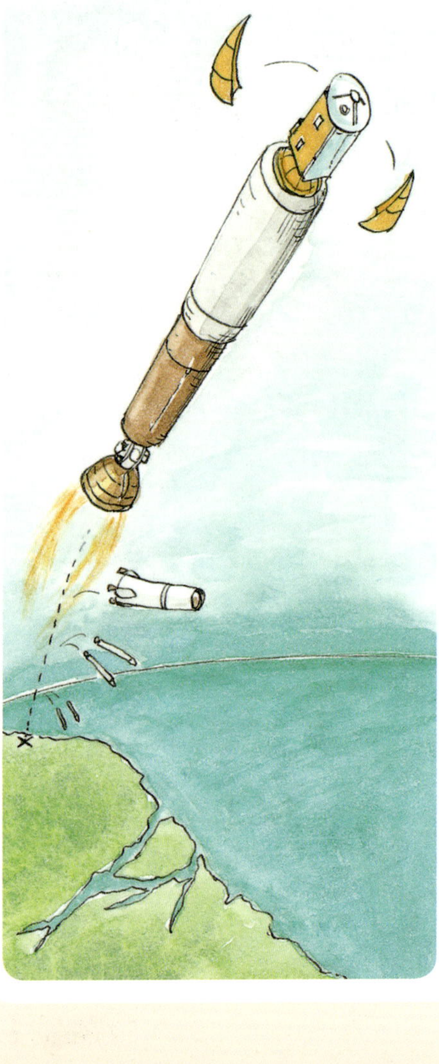

156

Comment c'est fait un vaisseau spatial?

➽ Les satellites qui sont envoyés dans l'espace sont fabriqués à la main. Le satellite a deux parties : une plate-forme très solide sur laquelle on fixe la fusée et une partie avec un ordinateur et des appareils. Il n'y a pas de garage dans l'espace et les satellites transportent des pièces de secours en cas de panne.

Comment vit-on dans un vaisseau spatial?

➽ Les spationautes qui vivent dans un vaisseau spatial ont la sensation de tomber sans cesse dans le vide. Ils ne sentent pas leur poids, il n'y a plus ni haut ni bas. C'est l'effet de l'apesanteur. Pour se déplacer, ils doivent se tenir aux parois du vaisseau. Autour d'eux, les objets flottent et il faut tout attacher!

157

158

Est-ce que les satellites transportent des hommes?

➜ La plupart des satellites lancés dans l'espace n'ont pas d'équipage à leur bord. Ils sont utilisés pour la météorologie, pour la télévision ou pour étudier l'espace. Neuf stations orbitales ont été construites pour être habitées par des hommes. Aujourd'hui, il ne reste qu'une seule grande station qui a été lancée par plusieurs pays.

Le sais-tu?
Avant de partir dans l'espace, les spationautes doivent beaucoup s'entraîner. Par exemple, dans une centrifugeuse, une machine qui tourne très vite pour les habituer à l'accélération de la fusée au décollage. Les spationautes font des travaux sous l'eau avec leur scaphandre pour se préparer aux sorties dans l'espace.

Les énergies

159 

C'est quoi l'énergie ?

➻ Dans la vie de tous les jours, nous utilisons de l'énergie pour allumer la lumière, faire rouler la voiture, cuire un repas mais aussi pour faire bouger notre corps ! L'énergie, c'est ce qui donne de la force. L'énergie dont a besoin ton corps vient des aliments que tu manges ; l'énergie qu'utilise la voiture, c'est l'essence ; celle qui éclaire, c'est l'électricité.

160 

D'où vient l'énergie ?

➻ L'énergie tirée de la force du vent ou des chutes d'eau est utilisée depuis longtemps : par les moulins, les bateaux à voile, les éoliennes. Les sources d'énergie découvertes plus récemment, le charbon, le gaz, le pétrole, l'énergie nucléaire, permettent de produire de beaucoup plus grandes quantités d'énergie.

Pourquoi utilise-t-on ces énergies ? 161

➤➤ Il y a différentes sortes d'énergies. Le bois, le gaz, le charbon, le pétrole produisent de la chaleur quand on les brûle.
Ils sont très simples à utiliser et très pratiques… mais les réserves disparaissent au fur et à mesure et ils polluent beaucoup la planète.

C'est vrai qu'on va manquer de pétrole ? 162

➤➤Le pétrole est une énergie fossile. Cela veut dire qu'il s'est formé pendant des dizaines de millions d'années par l'accumulation de végétaux et d'animaux qui se sont décomposés dans le sol. Mais les réserves de pétrole sont limitées. Les scientifiques pensent que dans 30 ou 50 ans, on ne trouvera plus de pétrole.

? Le sais-tu ?
Tu consommes deux fois plus d'énergie que tes parents au même âge. Tes parents consomment environ quinze fois plus d'énergie qu'un Français d'il y a deux cents ans. À l'époque, les gens ne voyageaient pas beaucoup, ils n'avaient pas de voiture, pas de télévision, ils achetaient moins d'objets.

L'électricité

163

Comment fait-on pour produire de l'électricité ?

➻ On peut utiliser la force de l'eau, du vent ou les rayons du soleil. On peut transformer en électricité la chaleur qui se dégage quand on brûle du charbon, du gaz ou de l'essence. On peut aussi récupérer l'énergie d'une explosion nucléaire. En France, l'électricité provient surtout des centrales nucléaires (à 83 %!).

164

❶ Le courant à haute tension quitte la centrale électrique. Le courant est conduit dans de très gros câbles suspendus à des pylônes : ce sont les lignes à très haute tension qui traversent les montagnes, les campagnes, les vallées. Ce courant est très dangereux!

❷ Avant d'arriver en ville, le courant est diminué par un transformateur. Il devient un courant à basse tension qui est transporté par des câbles dans les rues, puis dans les maisons ou les immeubles.

❸ Dans la maison, le courant passe dans un compteur électrique. Cela permet de calculer combien chaque famille consomme d'électricité. Le tableau électrique et le disjoncteur permettent d'arrêter l'électricité en cas de danger.

❹ Le circuit électrique est souvent caché dans les murs ou dans le plancher, il distribue le courant dans chaque prise et chaque lampe. Les interrupteurs permettent d'allumer et d'éteindre la lumière à distance.

❺ Aujourd'hui, on installe des circuits électriques qui se mettent en route avec le mouvement. Dès qu'on arrive devant la porte de sa maison, la lumière s'allume !

Le sais-tu ?
Le nucléaire pose des problèmes, car ses déchets sont dangereux et on ne sait pas où les stocker. Aujourd'hui, on cherche de nouvelles façons de produire de l'électricité sans polluer la planète. Les éoliennes sont de grandes hélices qui tournent avec le vent et produisent de l'électricité. Les panneaux solaires, eux, permettent de capter les rayons du soleil. Ce sont des énergies renouvelables.

L'essence

165 ❶ Les géologues, des scientifiques spécialistes des roches, font des recherches dans le sous-sol. Certains indices leur indiquent qu'il peut y avoir du pétrole en profondeur. Pour le vérifier, il faut creuser ! Neuf forages sur dix sont abandonnés, car on n'y trouve pas assez de pétrole.

166 ❷ Pour aller chercher le pétrole dans le sol, on fait un forage avec un trépan. C'est un outil qui creuse la terre et les roches en tournant. Le trépan se trouve dans un derrick, ou tour de forage, une sorte de tour en métal, qu'on trouve sur tous les puits de pétrole.

167 ❸ De nombreux gisements de pétrole se trouvent dans des roches sous la mer. Il faut alors construire le derrick sur une plate-forme fixée au fond de la mer. On trouve des plates-formes pétrolières dans la mer du Nord près de la Grande-Bretagne.

❹ Le pétrole est pompé puis il est transporté par de gros tuyaux, les oléoducs. On peut aussi le transporter par bateau : c'est le travail des pétroliers. À l'état brut, le pétrole n'est pas utilisable, il faut le transformer dans une raffinerie pour obtenir de l'essence. 168

❺ Le pétrole est chauffé à 400 °C pour que ses composants se séparent les uns des autres. La raffinerie produit de l'essence pour les voitures, du kérosène pour les avions, du fioul pour chauffer les maisons, du bitume pour faire les routes. La transformation du pétrole permet aussi de faire du plastique, des vêtements, etc. 169

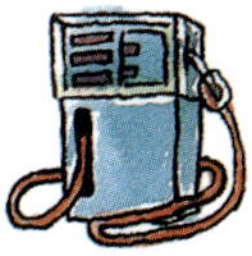

❻ Les différentes qualités d'essence sont transportées à la station-service dans des camions-citernes. Le pétrole est versé dans une cuve souterraine qui alimente les différentes pompes à essence. 170

Le sais-tu ?
On appelle le pétrole l'or noir, car c'est un produit qui vaut très cher. On n'en trouve pas partout sur la Terre et il est très recherché ! Aujourd'hui, le pétrole provient surtout des pays du Moyen-Orient comme l'Arabie saoudite ou le Koweït.

Comment fait-on un portrait?

Comment fait-on un livre?

Est-ce qu'un peintre peint toujours la réalité?

Comment fait-on un CD?

Comment fait-on une émission de télévision?

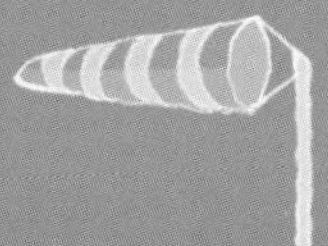

Comment c’est fait la vie quotidienne ?

Questions 171 à 205

Le livre

171 ❶ L'auteur écrit une histoire sur son ordinateur. Quand son texte est prêt, il le donne à un illustrateur qui fait des dessins. Ils envoient leur projet à un éditeur en espérant que cela lui plaira.

172 

❷ Quelle chance ! L'éditeur a bien aimé l'histoire et il veut la publier. L'éditeur rencontre l'auteur et l'illustrateur pour discuter avec eux du projet. Il demande souvent des changements sur le texte et les images.

173 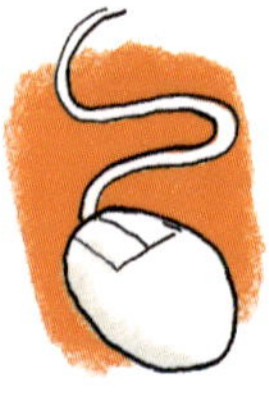

❸ À partir des illustrations sur papier, une machine, appelée scanner, crée des images informatiques. Sur son ordinateur, le maquettiste place le texte et les images dans la maquette du livre. Il choisit une police de caractères, un style d'écriture, pour le texte.

❹ Le fabricant décide avec l'éditeur de la qualité et de l'épaisseur du papier qui sera utilisé pour le livre. Ils calculent le prix de fabrication du livre et fixent le nombre d'exemplaires qui seront imprimés. 174

❺ À partir du fichier informatique, l'imprimeur imprime des milliers de feuilles de papier qui seront ensuite pliées, cousues et collées ensemble. Si tu regardes bien ton livre, tu verras que les feuilles sont réunies en plusieurs paquets. 175

❻ Les livres sont distribués chez les libraires ou dans les grands magasins pour être vendus. Ils sont aussi achetés par des bibliothèques et mis à la disposition du public.

Le sais-tu ?
Avant qu'on invente l'imprimerie, les livres étaient écrits à la main. Des moines recopiaient et illustraient les livres un par un. C'était un travail très long. Avec l'imprimerie, on a pu imprimer plusieurs livres rapidement. Les livres sont devenus beaucoup moins rares.

176

Le tableau

177 

Comment le peintre travaille-t-il ?

➸ Avant de peindre, le peintre prépare son matériel : il tend une toile blanche sur un châssis, il prépare sa peinture en mélangeant des pigments, c'est-à-dire des couleurs broyées et un liant.
Il commence ensuite à peindre. Il peut passer plusieurs mois ou même des années sur un tableau.

178 

Comment fait-on un portrait ?

➸ Le peintre choisit d'abord la façon dont il va peindre son modèle : de face, de profil, de dos. Quand le modèle pose, il ne doit pas bouger du tout pendant plusieurs minutes ! Le peintre place des lignes, des traits ou des taches qui lui servent de points de repère. Il faut beaucoup d'entraînement pour arriver à faire des peintures ressemblantes.

Est-ce qu'une peinture doit être ressemblante ?

179

➽ C'est impressionnant de voir une peinture qui reproduit si bien la réalité qu'on dirait presque une photo. Mais le plus important n'est peut-être pas de faire quelque chose de ressemblant. Connais-tu Picasso, un grand peintre, qui a fait des portraits très bizarres ? Il ne cherchait pas à rendre la réalité.

Est-ce qu'un peintre peint toujours la réalité ?

180

➽ Pendant longtemps, les peintres ont représenté le monde qui les entourait : leur roi, mais aussi leur femme, leurs enfants, des paysages, des objets. Aujourd'hui, certains artistes font des peintures abstraites, c'est-à-dire qu'ils ne représentent pas des choses réelles. Ils peignent des lignes, des carrés, des taches de couleur.

? Le sais-tu ?
Aujourd'hui, des artistes abandonnent la peinture pour s'exprimer sur d'autres supports. Ils font des vidéos, des installations avec des objets, ils cherchent à avoir une plus grande liberté que la toile du peintre.

La sculpture

181 **Les bas-reliefs égyptiens** sont sculptés sur un fond plat et peints en couleurs. Ils datent du temps des pharaons et nous informent sur la vie dans l'ancienne Égypte.

182 **Les sculptures en argile** sont modelées dans la terre humide. Pour qu'elles deviennent dures, il faut les cuire.

183 **Les sculptures sur bois du Moyen Âge** étaient peintes et dorées. Elles représentaient en général des scènes religieuses.

184

➜ Les bronzes sont réalisés à partir d'une statue de terre. La statue de terre permet de fabriquer un moule en plâtre creux qu'on remplit d'une couche de cire puis d'un noyau de terre.

Le moule est ensuite refermé et chauffé pour faire fondre la cire qui sort par des tuyaux prévus à l'avance. L'espace entre le plâtre et le noyau est alors comblé avec du bronze en fusion.

185

➜ Le *David* de Michel-Ange est une statue de 4 mètres de haut, sculptée dans un bloc de marbre. Pour tailler dans le marbre, le sculpteur utilise des pointes et des ciseaux plats qu'il frappe avec un maillet.

186

➜ Les sculptures de Tinguely bougent et font du bruit. Elles sont faites de matériaux de récupération : chaînes de vélo, bouts de tracteurs, poulies… Picasso a même créé une sculpture en assemblant une selle de vélo et un guidon.

Le sais-tu ?
Les grandes sculptures sont souvent en pierre, en bois, en terre mais on peut s'amuser à sculpter d'autres matériaux : les Inuits font des statuettes en dent de morse, les Indiens avec des épis de maïs. En Afrique, on mélange souvent le bois, le tissu et le métal.

Les instruments de musique

187 **Pour jouer de la musique, il existe toutes sortes d'instruments.**

➽ **Le violon** a quatre cordes. Le violoniste le tient entre son épaule gauche et son menton. Pour jouer, il frotte les cordes avec un archet, une baguette sur laquelle sont tendus des crins de cheval.

➽ **Le violoncelle** ressemble à un gros violon. Le violoncelliste joue assis, en le tenant entre les jambes.

➽ **La guitare** a six cordes. Le guitariste les gratte et les pince avec les doigts.

➽ **La contrebasse** est encore plus grande que le violoncelle. Le bassiste joue debout. Les sons de la contrebasse sont très graves.

➽ **La harpe** est très grande. Elle a de nombreuses cordes et des pédales. Le harpiste joue assis, en pinçant les cordes avec ses deux mains.

➽ Les cordes du **piano** sont à l'intérieur. Elles sont frappées par de petits marteaux quand le pianiste appuie sur les touches du clavier.

➽ **La trompette**, le trombone et le cor sont en laiton. Pour jouer, il faut souffler très fort dedans. On dit que ce sont des instruments à vent.

➽ **Le trombone** a un son plus grave que la trompette. On en joue avec sa coulisse.

➽ **Le cor** est une sorte de tube enroulé sur lui-même. On en joue comme de la trompette.

➽ **La clarinette**, le hautbois, le basson sont en bois. Leur son est plus doux.

➽ **La flûte** traversière est en métal, mais autrefois elle était en bois.

➽ **La batterie** comprend plusieurs éléments : la grosse caisse, les cymbales et le charleston.

Le sais-tu ?
Les instruments sont classés en trois grandes familles : les instruments à corde (violons, piano, guitare...), les percussions et les instruments à vent qui comprennent les bois (clarinette, flûte...) et les cuivres (trompette, trombone...).

Les orchestres

188 ➼ Dans une **fanfare**, il y a des trompettes, des trombones, des saxos et souvent une grosse caisse.

➻ Dans un **orchestre rock**, il y a des guitares électriques et une batterie.

➻ Dans un **orchestre de musique classique**, tous les musiciens sont dirigés par le chef d'orchestre.

Le sais-tu ?
Pour jouer tous ensemble, les musiciens d'un orchestre suivent une partition. La partition indique quelles notes ils doivent jouer et pendant combien de temps. Si la note est dessinée sur une ligne du haut, elle est aiguë ; sur une ligne du bas, elle est grave.

Le studio d'enregistrement

189 

❶ Le studio

➽ Pour enregistrer leur musique, les musiciens vont dans un studio. C'est un endroit complètement insonorisé, protégé des bruits extérieurs. La régie est l'endroit où se trouvent l'ingénieur du son et toutes les machines qui permettent l'enregistrement du disque.

190 

❷ La prise de son

➽ Pour la prise de son, chaque musicien du groupe se retrouve tout seul avec son instrument dans une cabine insonorisée qui communique avec les autres par des vitres.

191 

❸ L'enregistrement

➽ Chaque musicien joue sa partie devant un micro et peut entendre les autres grâce à un casque. Tous les musiciens jouent en même temps les bases de la chanson, puis ils enregistrent séparément les arrangements : les chœurs, les parties de guitare supplémentaires, le deuxième violon.

❹ Le mixage 192

➺ En régie, l'ingénieur du son reçoit les différents sons et les enregistre sur des pistes séparées. Ensuite, il va les mixer, c'est-à-dire les mélanger et placer chaque instrument dans l'espace sonore. Sur le CD, on entendra certains instruments à gauche, d'autres à droite, certains seront forts, d'autres plus faibles.

❺ Le CD 193

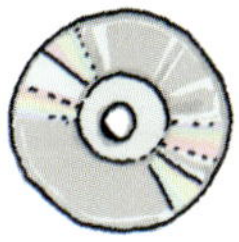

➺ Les musiciens peuvent enregistrer plusieurs fois leur partie jusqu'à ce qu'ils soient satisfaits. Quand toutes les chansons sont enregistrées, on grave un CD de référence, le master. Le master est ensuite dupliqué en grande quantité pour être distribué chez les disquaires.

Le sais-tu ?
Autrefois, les studios étaient conçus pour des prises sonores directes. Les chanteurs et les musiciens jouaient tous en même temps dans la même pièce. Aujourd'hui, les instruments sont presque toujours séparés et enregistrés sur des pistes différentes.

Le dessin animé

194

❶ Le scénariste écrit le script : il invente l'histoire du dessin animé. Il imagine les personnages, écrit les dialogues, décrit les décors. C'est lui qui décide comment le film commence et comment il finit.

❷ Trois ou quatre dessinateurs travaillent sur le story-board, c'est-à-dire la traduction en images du script. Il sert de modèle pour tous les gens qui interviennent sur le film. Le story-board contient les indications d'action, les dialogues et même les bruitages.

❸ Le réalisateur suit le film à toutes les étapes de sa fabrication. La création d'un dessin animé exige la collaboration de très nombreuses personnes.

❹ Des dessinateurs réalisent le lay out du film. Ils font deux dessins pour chaque geste : la première image et la dernière image. C'est l'animation qui remplira les intervalles.

❺ Les ordinateurs animent toutes les étapes des gestes des personnages. Les images mises les unes derrière les autres donneront l'impression d'un mouvement. Si ce travail n'est pas bien fait, les gestes des personnages seront saccadés.

❻ Sur un ordinateur, on place les personnages en mouvement dans le décor. Ensuite, les différents moments du film sont mis dans l'ordre. C'est le montage, qui se fait aussi par ordinateur.

❼ Des acteurs enregistrent les voix des personnages dans un studio d'enregistrement. Ensuite, on ajoute tous les bruits : moteurs de voitures, chute de casseroles, portes qui claquent. C'est le bruitage. On peut aussi mettre une musique ou des chansons dans le dessin animé.

Le sais-tu ?

Les vieux dessins animés comme *Blanche Neige* n'étaient pas faits par ordinateur. Des dessinateurs devaient faire des centaines d'images qui décomposaient chaque étape du mouvement.

Le plateau de télévision

195

La régie est une petite salle couverte d'écrans télé qui montrent les images que filme chaque caméra.

L'assistant de plateau accueille les invités et vérifie que tout est prêt. Les invités ont été maquillés avant de monter sur le plateau. Il ne faut pas que leur peau brille sous la lumière des projecteurs !

Les cadreurs dirigent les caméras selon les ordres de la régie. Les opérateurs son s'occupent des micros. Ils ont de grandes perches pour pouvoir enregistrer le bruit d'ambiance du plateau. Tous les techniciens portent un casque pour entendre les ordres du réalisateur qui décide de la place et des mouvements de caméra.

Le chef de plateau indique le moment où l'émission démarre. Au cours de l'émission, il montre à l'animateur le temps qu'il lui reste pour que celui-ci donne toutes les informations prévues. Il brandit des cartons avec le nombre de minutes.

L'animateur pose des questions aux invités, annonce les reportages. Il peut voir son texte sur un prompteur, un écran que le téléspectateur ne voit pas.

Le sais-tu ?
Une émission d'une heure demande plusieurs heures de préparation. Plusieurs personnes y travaillent, qu'on ne voit pas forcément à l'antenne. Au moment de filmer, chaque personne sur le plateau et en régie sait parfaitement ce qu'elle doit faire.

Le journal

196 ❶ Dans la salle de rédaction, le rédacteur en chef et les journalistes discutent des sujets à ne pas manquer. La semaine prochaine, la reine d'Angleterre fête son anniversaire. Une journaliste et un photographe vont couvrir l'événement.

197 ❷ La journaliste assiste à la conférence de presse que donne la reine à des journalistes venus du monde entier. Elle prend des notes sur son carnet, pendant que le photographe photographie la reine sous toutes les coutures.

198 ❸ Dans le train qui les ramène en France, la journaliste commence à rédiger son article sur son ordinateur portable. Avant de repartir, elle a posé des questions à des Anglais : « Est-ce qu'ils aiment bien leur reine ? » « Est-ce que son anniversaire est un moment important ? »

❹ La journaliste a rendu son article. Le secrétaire de rédaction le relit, corrige les fautes d'orthographe. Il choisit un titre et un chapeau, c'est-à-dire quelques lignes qui vont donner envie de lire la suite. Il met en page l'article : il sera publié sur deux colonnes avec une photo en bas. 199

❺ C'est le soir, le journal part à l'imprimerie. Les feuilles imprimées sortent d'énormes machines, elles sont ensuite pliées. Tout doit être fini pendant la nuit pour que le journal soit prêt le lendemain matin. 200

❻ Très tôt le matin, les journaux sont livrés par camion chez les marchands de journaux ou même directement dans les boîtes aux lettres des abonnés. 201

Le sais-tu ?
Les premiers journaux qui sont parus en France s'appelaient des « canards », ils racontaient surtout des faits-divers, c'est-à-dire des histoires horribles qui étaient parfois complètement inventées.

Le bulletin météo

202 ❶ Des stations d'observation météorologiques sont disséminées partout dans le monde. Elles enregistrent la température, la quantité de pluies, la vitesse du vent, l'humidité de l'air à l'aide d'instruments très précis.

203

❷ Météosat, le satellite météorologique européen, est en orbite dans l'atmosphère. Toutes les demi-heures, il fournit des images des masses nuageuses qui couvrent la planète. Cela permet de suivre le déplacement des bandes de nuages.

204 ❸ Au centre météo national de Toulouse, des météorologistes se relaient jour et nuit. Ils sont chargés de prévoir le temps sur la France pour les prochaines heures et de déclencher une alerte en cas de catastrophe météo (tempête, inondation…).

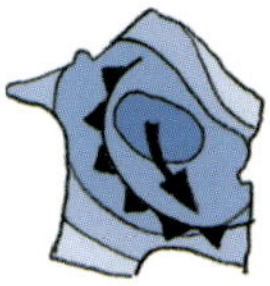

4 Les prévisionnistes utilisent un énorme logiciel informatique qui effectue des milliards d'opérations à partir des données fournies par les instruments météo. L'ordinateur donne ses prévisions sous forme de cartes. Ces cartes sont ensuite vérifiées par les prévisionnistes. 205

5 Les centres météo locaux permettent d'affiner les prévisions générales en fonction des régions. Les grandes villes, les régions montagneuses, les côtes océaniques connaissent des phénomènes météorologiques particuliers. 206

6 À la télévision, le présentateur météo prépare son bulletin à l'aide des données de Météo-France. Son travail n'est pas de prévoir le temps qu'il va faire, mais de l'expliquer aux téléspectateurs.

Le sais-tu ?
Le présentateur météo parle devant un fond tout bleu. La carte couverte de dessins de soleil et de nuages que tu peux voir à la télévision n'apparaît qu'à l'écran. Pour se repérer, le présentateur doit regarder son image sur un écran télé situé en face de lui.

207

Les pompiers

208 ❶ Dans la caserne, il y a toujours des pompiers de garde prêts à intervenir. Quand il n'y a pas d'alerte, ils font du sport, des exercices, entretiennent les véhicules, s'assurent que l'équipement est complet.

209 ❷ Quelqu'un a fait le 18, le numéro des pompiers, pour signaler un incendie. Le pompier qui reçoit l'appel téléphonique demande tous les renseignements nécessaires. Un autre regarde sur un plan l'itinéraire à suivre pour aller le plus vite possible.

210 ❸ Quand la sirène retentit, les pompiers sont prêts en moins d'une minute. Ils se laissent glisser le long d'une perche jusqu'à la remise. Ils enfilent leur veste, leur casque et grimpent dans le camion, qui fait marcher son gyrophare et sa sirène.

4 Les pompiers arrivent. Deux pompiers branchent les tuyaux sur les citernes des fourgons-pompes-tonnes, qui transportent 2 000 litres d'eau. Deux autres pompiers arrosent l'immeuble pour éteindre les flammes. 211

5 La grande échelle se déploie pour atteindre les étages de l'immeuble. Un pompier commande la nacelle avec des manettes. Il aide les personnes prises dans les flammes à sortir par la fenêtre. Les blessés reçoivent les premiers secours et sont évacués vers l'hôpital.

212

6 La nacelle peut aussi être utilisée pour combattre l'incendie. Les vêtements des pompiers sont fabriqués pour résister à la chaleur. Les fumées des incendies sont très dangereuses et les pompiers se protègent avec un masque relié à une bouteille d'air. 213

Le sais-tu ?
Lutter contre les incendies n'est pas le seul travail des pompiers. Ils sont aussi appelés pour aider les victimes des accidents de la route ou en cas d'inondation.

L'hôpital

214

➻ Dans sa chambre, le malade doit rester couché dans son lit. Il reçoit la visite de sa famille qui vient lui tenir compagnie. S'il a mal, une sonnette à côté du lit lui permet d'appeler une infirmière, même en pleine nuit.

➻ Dans la salle de stérilisation, les instruments passent dans de grandes machines qui chauffent très fort pour tuer tous les microbes.

➻ La pharmacie de l'hôpital contient tous les médicaments dont les médecins et les infirmières ont besoin.

➻ Au services des urgences, une secrétaire accueille les malades et les blessés et remplit une fiche. Les médecins reçoivent en priorité les blessés les plus graves. Les autres doivent attendre.

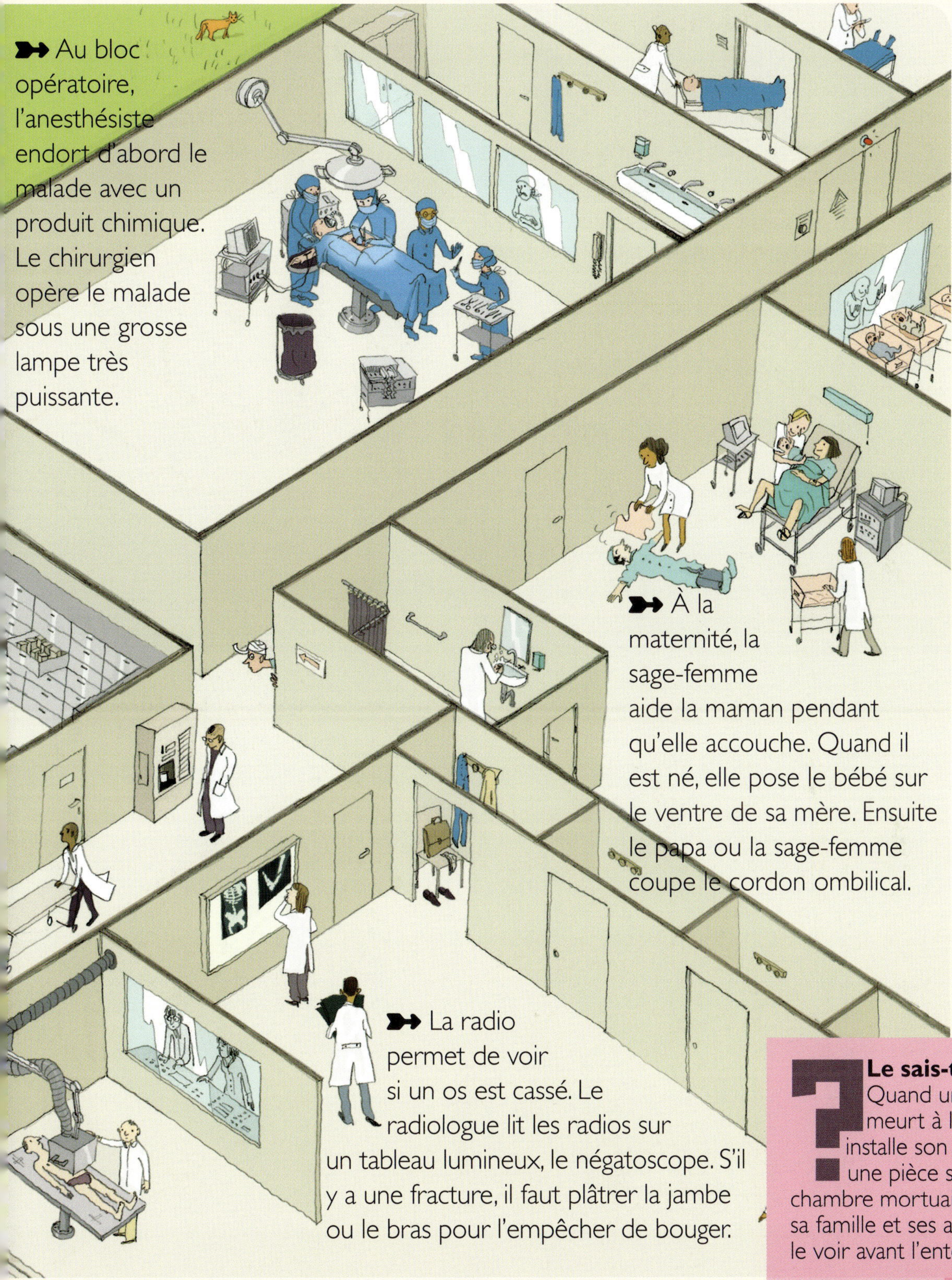

➻ Au bloc opératoire, l'anesthésiste endort d'abord le malade avec un produit chimique. Le chirurgien opère le malade sous une grosse lampe très puissante.

➻ À la maternité, la sage-femme aide la maman pendant qu'elle accouche. Quand il est né, elle pose le bébé sur le ventre de sa mère. Ensuite le papa ou la sage-femme coupe le cordon ombilical.

➻ La radio permet de voir si un os est cassé. Le radiologue lit les radios sur un tableau lumineux, le négatoscope. S'il y a une fracture, il faut plâtrer la jambe ou le bras pour l'empêcher de bouger.

Le sais-tu ?
Quand une personne meurt à l'hôpital, on installe son corps dans une pièce spéciale, la chambre mortuaire, pour que sa famille et ses amis puissent le voir avant l'enterrement.

Qu'est-ce qu'un métal ?

Comment se forment les nuages ?

Comment se forment les grottes ?

Pourquoi le Soleil brille ?

Qu'y a-t-il dans la graine ?

Comment c'est fait la Terre et la vie ?

Questions 215 à 246

Le Soleil et la Terre

215

Pourquoi le Soleil brille?

➽ Le Soleil est une étoile. Comme toutes les étoiles, c'est une boule de gaz à très haute température. Les gaz s'agitent et chauffent. Ils sont plus chauds au centre et moins chauds en surface. Cela crée des mouvements de chaleur. Cette chaleur rayonne et fait que nous voyons le Soleil briller. Le Soleil éclaire et chauffe la Terre.

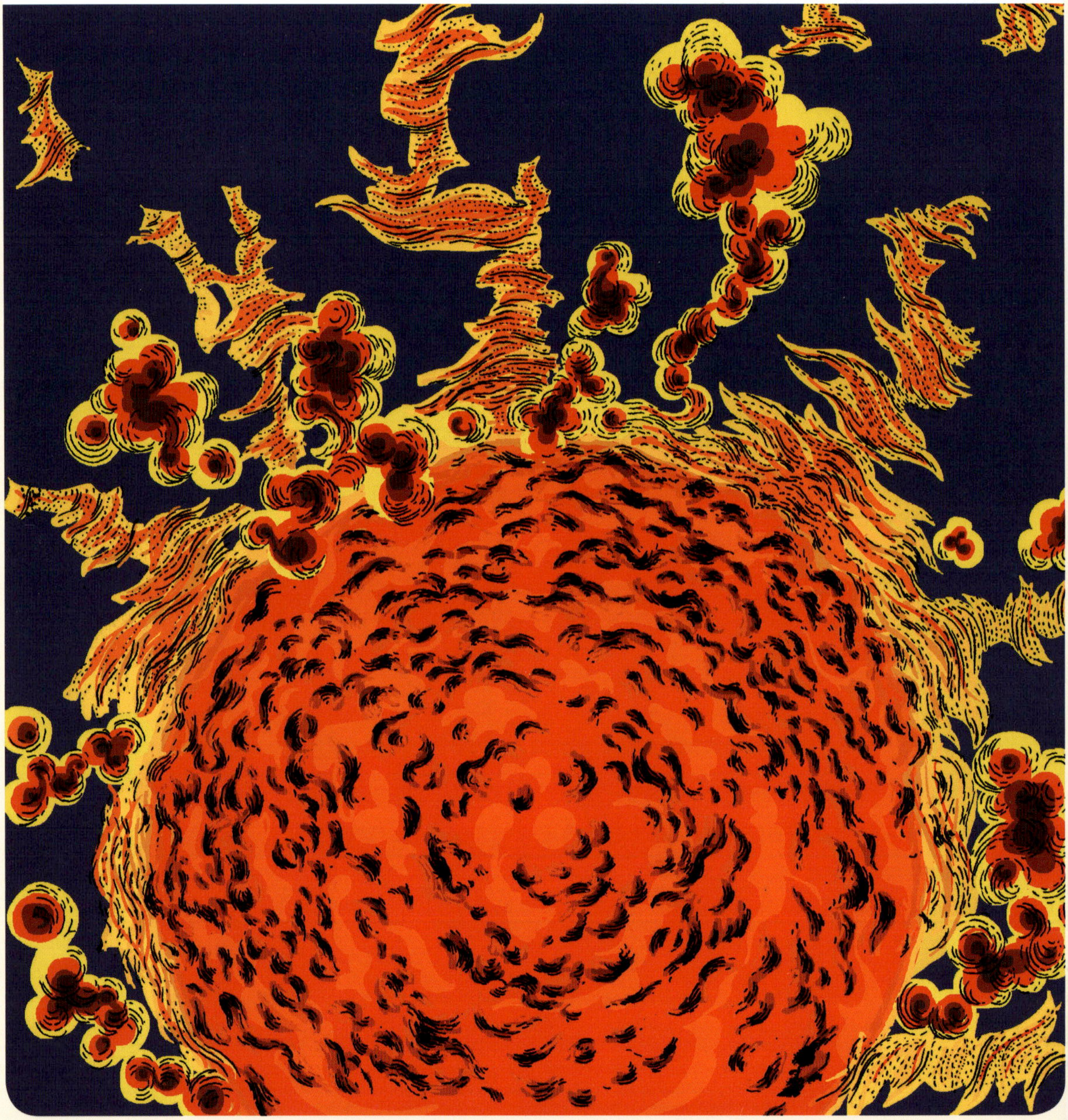

Comment est faite la Terre ?

216

➽ La Terre est formée de plusieurs couches de roches. Nous vivons sur la croûte solide qui enveloppe la Terre ; elle est faite de roches dures, c'est l'écorce terrestre. En dessous, il fait très chaud et les roches sont molles et brûlantes, c'est le manteau. Tout au cœur de la planète, il y a un noyau de fer liquide à l'extérieur et solide à l'intérieur.

Comment la Terre est-elle apparue ?

217

➽ Les savants pensent que la Terre s'est formée il y a… 4 milliards et 500 millions d'années. Des poussières, des astéroïdes, du gaz venus de l'espace se sont attirés les uns les autres et se sont mis en boule. Les éléments les plus lourds se sont retrouvés au centre. Les plus légers, les gaz, ont entouré la Terre et ont formé l'atmosphère, l'air qui nous permet de respirer.

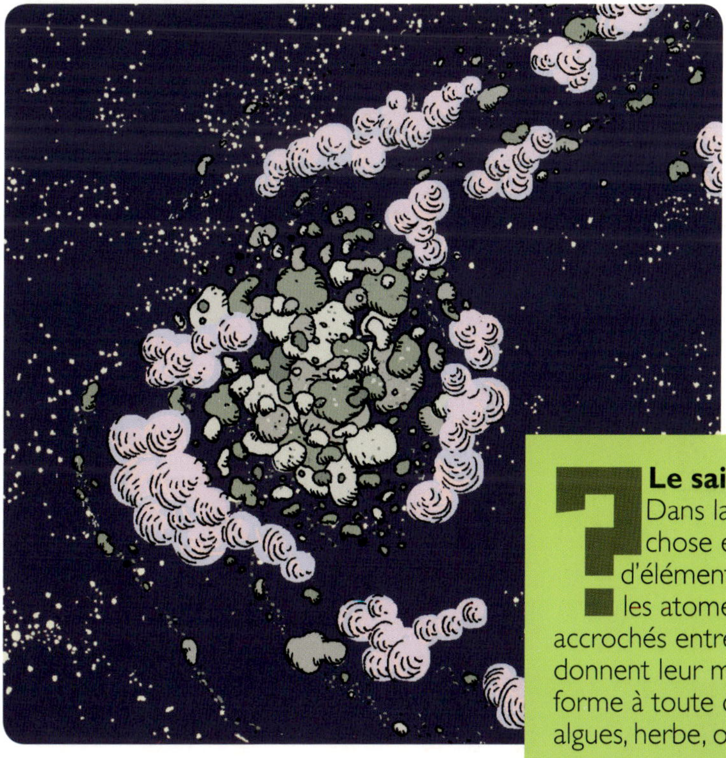

Le sais-tu ?
Dans la nature, toute chose est constituée d'éléments minuscules, les atomes. Ils sont accrochés entre eux et donnent leur matière et leur forme à toute chose : pierres, algues, herbe, oiseaux, arbres.

L'eau

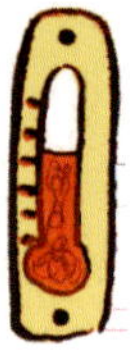

218 **C'est quoi l'eau ?**

➽ L'eau est un liquide. L'eau pure n'a ni couleur, ni odeur, ni goût. Mais dans la nature, on trouve surtout de l'eau salée, l'eau des océans. L'eau change d'état selon la température. En dessous de 0 °C, elle devient solide, c'est la glace. Avec la chaleur, l'eau se transforme en gaz, c'est la vapeur. L'air autour de nous contient de la vapeur d'eau, mais nous ne la voyons pas.

219 **Comment se forment les nuages ?**

➽ Sous la chaleur du soleil, l'eau des océans et des lacs se transforme en vapeur. L'air chaud chargé de vapeur d'eau s'élève en altitude, où il se refroidit. En refroidissant, la vapeur d'eau se retransforme en gouttelettes minuscules qui s'accrochent à de fines particules de poussière et se rapprochent les unes des autres, c'est le nuage.

Pourquoi il se met à pleuvoir ? 220

➽ Au départ, les gouttelettes d'eau du nuage sont tellement petites qu'elles sont portées par l'air. Quand les gouttelettes s'assemblent les unes avec les autres, elles deviennent plus lourdes et il se met à pleuvoir. Il faut environ 1 million de gouttelettes pour faire une goutte de pluie.

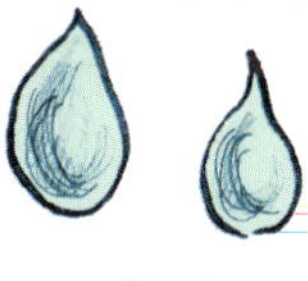

D'où vient l'eau des fleuves ? 221

➽ Il pleut sur la montagne ou bien il neige. Une partie de l'eau de pluie et la neige quand elle fond coulent et forment de petits ruisseaux, puis des torrents. Le torrent se jette dans la rivière qui se jette dans le fleuve. Le fleuve poursuit sa course jusqu'à la mer.

Le sais-tu ?
La surface de l'eau forme une sorte de peau. C'est grâce à elle que les insectes des mares peuvent avancer sans s'enfoncer. C'est elle aussi qui retient un moment l'eau comme dans un sac et forme une goutte.

Les montagnes

222 

D'où viennent les montagnes ?

➜ La croûte terrestre est constituée de dix grandes plaques qui bougent sous l'effet des mouvements à l'intérieur de la Terre.

Les montagnes sont nées quand les plaques se sont percutées ou sont passées l'une sous l'autre.

223 

Est-ce que la croûte terrestre bouge encore ?

➜ Les Alpes, les Pyrénées sont des montagnes jeunes ; pourtant, elles datent de plusieurs millions d'années. Mais les plaques de la croûte terrestre continuent à se déplacer de quelques centimètres par an. Ces mouvements sont à l'origine des tremblements de terre et des éruptions volcaniques.

224

Comment se forment les grottes ?

➽ Les roches calcaires sont sensibles à l'eau. L'eau pénètre dans la roche et dissout les couches calcaires en profondeur. Voilà comment se créent des grottes. Les couloirs, les boyaux et les grottes se forment par la circulation de l'eau et la dissolution du calcaire le long des fissures les plus importantes.

225

Comment se forment les stalactites et les stalagmites ?

➽ Les stalac**t**ites **t**ombent, elles ont la pointe vers le bas, et les stalag**m**ites **m**ontent, leur pointe est vers le haut. Elles se forment très lentement avec l'eau qui ruisselle dans les grottes et se charge de calcaire. Une stalagmite correspond toujours à une stalactite. Une colonne se forme quand une stalactite et une stalagmite se rejoignent.

? Le sais-tu ?
La plus grande chaîne de montagnes de notre planète est sous l'eau ! Elle fait le tour de la Terre et traverse l'océan Atlantique, l'océan Indien, l'océan Pacifique. Les sommets de cette chaîne de montagnes émergent de l'eau et forment des îles comme l'Islande ou l'île de Pâques.

Les volcans

226

❶ Sous la croûte terrestre, les roches du manteau sont très chaudes, mais la pression les empêche de fondre.
À de rares endroits, des poches de magma liquide se forment.

❷ Le magma liquide est plus léger que les roches qui l'entourent. Il profite des mouvements à l'intérieur du manteau pour remonter vers la surface de la Terre. Il s'accumule dans une chambre magmatique.

❸ Lors d'une éruption volcanique, le magma monte à l'intérieur de la cheminée du volcan jusqu'à la surface. Et le volcan se met à cracher de la lave, mais aussi parfois des morceaux de volcan, des cendres et de la fumée !

❹ Les coulées de lave se solidifient peu à peu et forment une nouvelle couche de roches. Quand la lave est liquide, elle s'écoule sur des dizaines de kilomètres. Quand elle est plus visqueuse, elle forme des bouchons et le volcan explose brutalement. La pierre ponce est une roche volcanique. Elle a emprisonné plein de petites bulles de gaz et, du coup, elle flotte.

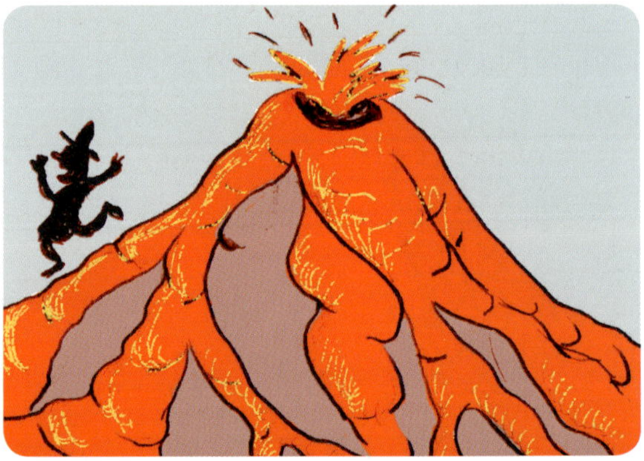

Est-ce que tous les volcans sont pareils? 227

➽ En fonction de sa consistance, la lave ne sort pas de la même façon du volcan. Il existe trois grandes sortes d'éruptions volcaniques : l'éruption avec coulées de lave liquide (1), l'éruption accompagnée d'un énorme nuage de cendres et de gaz (2), l'éruption explosive (3) quand la lave est visqueuse et qu'il y a beaucoup de gaz.

Est-ce que tous les volcans sont dangereux? 228

➽ Les volcans les plus dangereux sont ceux qui explosent, parce que les gens n'ont pas le temps de s'enfuir. Les nuages de gaz peuvent être dangereux aussi car ils empoisonnent l'air.

Le sais-tu?
En France, il y a des volcans. Ils n'ont pas craché depuis très longtemps, ce sont des volcans éteints. On peut grimper dessus et marcher dans leurs cratères. Le plus connu est le puy de Dôme dans le Massif central.

Les roches, les fossiles et les métaux

229

Est-ce que toutes les roches sont dures ?

➽ Non, l'argile qui sert à faire de la poterie est une roche molle. La craie est une roche qui s'effrite très facilement. Et le pétrole, lui, est liquide ! Même les gros rochers du bord de mer s'usent très lentement sous l'action de l'eau. La pierre la plus dure est le diamant… rien ne peut le rayer !

230

De quoi est fait le sable ?

➽ Le sable est fait de petits grains d'une roche ancienne qui s'est usée petit à petit sous l'action de l'eau. La plupart des grains de sable sont clairs et brillants, ce sont des grains de quartz. Mais, si la roche est noire, le sable sera noir. De tout petits coquillages s'y mélangent.

231

Qu'est-ce qu'un fossile ?

➽ Un fossile est la trace d'un animal ou d'un végétal qui a vécu il y a très longtemps et qui s'est incrusté dans une roche.
En général, quand un être meurt, il se décompose entièrement. C'est rare qu'une partie dure comme les os ou la coquille se fossilise. C'est encore plus rare qu'une feuille ou une fleur puisse se fossiliser.

Qu'est-ce qu'un métal ? 232

➽ Quelques métaux comme l'or, l'argent ou le cuivre se trouvent à l'état pur sous forme de pépites, mais la plupart des métaux comme le fer, l'aluminium, le cuivre sont à l'intérieur des roches. Une roche qui contient beaucoup de métal est appelée un minerai.

Comment récupère-t-on le minerai ? 233

➽ On exploite le minerai dans des mines. Quand les roches se trouvent près de la surface, c'est facile, on creuse et on fait exploser la roche. Mais, quand les roches sont enfouies en profondeur sous la terre, cela se complique : il faut creuser des tunnels et des galeries.

Le sais-tu ?
Il existe quatre pierres précieuses : le diamant qui est transparent, l'émeraude, verte, le saphir, bleu et le rubis, rouge. Ce sont des cristaux emprisonnés dans d'autres roches. La couleur rouge du rubis est due à la présence de chrome, le bleu du saphir est dû à la présence de fer.

L'arbre

234 **Comment c'est fait un arbre ?**

➽ Un arbre, c'est une grande plante. Ses racines lui permettent de récupérer de l'eau et de la nourriture dans le sol. Son tronc et ses branches, dans lesquels circule la sève, apportent la nourriture partout. Ses feuilles captent l'énergie du soleil et lui permettent de respirer.

235 **Qu'y a-t-il dans la graine ?**

➽ La graine contient la plantule, la future petite plante, une enveloppe pour la protéger et des réserves de nourriture, les cotylédons. Quand la graine se trouve dans un sol humide, elle gonfle et son enveloppe se déchire. Une petite racine apparaît, on dit que la plante germe. Une tige pousse et les deux premières feuilles apparaissent.

236 **Est-ce que les arbres se déplacent ?**

➽ Non, mais les arbres ont des moyens pour éparpiller leurs graines. La cerise est mangée par l'oiseau, qui dépose le noyau dans sa crotte un peu plus loin. Le vent entraîne la graine du tilleul, qui ressemble à un hélicoptère. Le geai des chênes enfouit des glands de chêne dans le sol pour se faire des provisions.

Pourquoi les arbres perdent-ils leurs feuilles en automne? 237

➼ L'hiver, il fait froid et il n'y a pas beaucoup de lumière, alors les arbres se mettent au repos.
En automne, quand le froid arrive et que les journées deviennent plus courtes, la circulation de sève ralentit dans le tronc de l'arbre et ses feuilles tombent.

Tous les arbres ne perdent pas leurs feuilles! 238

➼ Tous les feuillus comme le chêne, le châtaignier, le hêtre passent l'hiver tout nus. Mais les résineux comme les sapins ou les pins gardent leurs feuilles en hiver. Celles-ci sont petites et épaisses pour pouvoir résister au froid!

? Le sais-tu?
Les arbres vieillissent et meurent eux aussi. Certains vivent très longtemps, comme les chênes. On pense que le plus vieux chêne de France date de Charlemagne. En Asie, on a trouvé des arbres qui ont plus de 7 000 ans.

De la fleur au fruit

239 ❶ La plupart des plantes se reproduisent grâce à leurs fleurs. À l'abri des pétales, on trouve les organes sexuels de la plante. Le pistil est l'organe féminin, les étamines sont les organes masculins.

❷ Le plus souvent, ce sont les insectes qui assurent la reproduction de la plante. Ils sont attirés par la couleur des fleurs, leur odeur et leur nectar sucré. Les mêmes insectes butinent toujours la même espèce de fleurs.

❸ Les étamines sont couvertes de pollen au moment de la reproduction. Quand l'insecte se pose dans la fleur pour butiner le nectar, des grains de pollen s'accrochent sur ses pattes. L'insecte les dépose sur le pistil d'autres fleurs de la même espèce.

❹ Les grains de pollen sont les cellules mâles. Ils pénètrent à l'intérieur du pistil et rencontrent les cellules femelles : les ovules. La rencontre des deux donne une ou plusieurs graines. Quand la fleur est fécondée, ses pétales tombent.

❺ Sur les arbres fruitiers, le pistil qui entoure la graine se transforme en fruit. Cela donne des cerises sur le cerisier, des pommes sur le pommier, des citrons sur le citronnier. La graine grossit. Elle est protégée par une coque dure, le noyau ou l'enveloppe des pépins.

Le sais-tu ?
D'autres plantes ne se reproduisent pas avec des fleurs et des graines. La menthe a de longues tiges qui créent d'autres pieds de menthe avec de nouvelles racines plus loin. La pomme de terre est un tubercule, ce n'est pas une graine, mais elle peut donner une nouvelle plante de pomme de terre.

Les bébés animaux

240 Pourquoi les animaux font-ils tous des petits ?

➽ C'est une grande loi de la nature, tous les êtres vivants se reproduisent. Ainsi leur espèce peut continuer à exister.
La reproduction est très différente d'une espèce à une autre, mais les petits se forment généralement dans des œufs.

241 Comment naît un poisson ?

➽ Chez les poissons, la femelle pond des millions d'œufs tout petits et tout mous.
Le mâle féconde les œufs avec sa laitance. Les œufs sont abandonnés dans l'eau. Parmi tous ces œufs, beaucoup seront mangés, mais d'autres donneront des alevins, des bébés poissons.

Comment naît un poussin ? 242

➻ Pour que des petits naissent, il faut un mâle, le coq, et une femelle, la poule. Le coq et la poule s'accouplent et à l'intérieur de l'œuf un petit poussin se forme. Chez les oiseaux, la femelle pond ses œufs et les couve. Les petits se développent au chaud, bien protégés par la coquille. Quand les oisillons sont prêts, ils cassent la coquille avec leur bec.

Comment naît un chiot ? 243

➻ Chez les mammifères, le mâle, le chien, et la femelle, la chienne, s'accouplent. Des petits œufs se forment, se transforment et grandissent dans le ventre de leur maman. Les chiots naissent au bout de neuf semaines. Ils tètent leur mère.

? Le sais-tu ?

Tous les animaux ne s'occupent pas de leur bébé ! Les œufs des poissons ou des grenouilles sont laissés dans l'eau, la tortue de mer pond ses œufs sur la plage. Heureusement, leurs petits sont capables de se débrouiller ! Quand les petits ne peuvent pas survivre tout seuls à la naissance, les deux parents ou la mère s'en occupent jusqu'à ce qu'ils aient grandi.

Drôles de petits !

244

❶ Un papillon pond ses minuscules œufs sur une feuille. Dans les œufs, il y a de petites chenilles qui se développent. Au bout d'un moment, les chenilles grignotent l'œuf et sortent. Elles ne ressemblent pas du tout à leurs parents papillons.

❷ La chenille se déplace sur les plantes avec ses ventouses. Elle passe tout son temps à manger des feuilles. Elle grandit et grossit rapidement. Elle devient tellement grosse que sa peau est trop serrée et qu'elle doit en changer : c'est la mue.

❸ La chenille continue à se nourrir et à grossir. Elle doit muer plusieurs fois. Finalement, elle arrête de manger et s'attache solidement avec un fil de soie contre une feuille. C'est là qu'elle va passer l'hiver.

❹ La chenille ne bouge plus du tout, sa peau se durcit et se dessèche. Cela fait comme un petit cocon. À l'intérieur, la chenille change de forme très lentement, c'est la chrysalide.

❺ Au printemps, la transformation est finie. Le papillon sort du cocon. Ses ailes sont humides et froissées, il les fait d'abord sécher. Au bout de deux heures, le papillon peut s'envoler.

? Le sais-tu ?

Chez les insectes, les petits ne ressemblent souvent pas du tout à leurs parents. Pour devenir un insecte adulte, la larve, la chenille se transforment. C'est aussi le cas chez les grenouilles, qui pondent des œufs d'où sortent des têtards tout noirs et sans pattes. Petit à petit, les têtards se transforment en grenouilles : les pattes apparaissent, la queue disparaît.

Les humains, des êtres à part !

245

❶ Les premiers humains sont apparus en Afrique, il y a 2,5 millions d'années. Les savants les appellent *Homo habilis,* ce qui veut dire « homme habile », car ils savaient fabriquer des outils avec des pierres.

❷ Il y a 500 000 ans, les *Homo erectus* ont réussi à faire du feu. Cela leur a permis de cuire leur nourriture et de s'éclairer. Plus tard, les *Homo sapiens*, les hommes sages, ont récupéré les défenses et les os de mammouths pour se construire des abris. Avec la peau des rennes, ils fabriquaient des vêtements. Les tendons servaient de fil et les aiguilles étaient taillées dans les os.

❸ Petit à petit, les hommes préhistoriques ont réussi à apprivoiser et à élever des animaux sauvages. Ils ont aussi commencé à planter des graines de plantes nourrissantes comme le blé et l'orge. L'élevage et l'agriculture ont permis aux humains d'avoir davantage à manger. Ils se sont installés dans des villages.

4 Grâce à leur intelligence, les humains ont inventé de nouveaux matériaux et ils ont réussi à fabriquer des objets de plus en plus compliqués. Nous pouvons nous parler à distance grâce au téléphone, nous déplacer dans les airs en avion, enregistrer des images et des sons avec une caméra. Quelle évolution depuis la préhistoire !

5 Mais, aujourd'hui comme hier, tous les objets sont faits à partir de matières premières (le bois, la pierre, la terre, le pétrole, le gaz…) que les humains prennent dans la nature. Le problème, c'est qu'on veut fabriquer toujours plus de choses.
Et, si on continue, on va user la Terre à toute vitesse !

Pourquoi les humains sont-ils « à part » ?

➽ Les oiseaux construisent leur nid avec des brindilles ou avec de la boue. Les chimpanzés attrapent les termites à l'aide d'un bâton. Mais les humains sont les seuls à savoir fabriquer des outils compliqués et à transformer les matières premières qui les entourent.

Le sais-tu ?
Les humains ne sont pas apparus d'un coup sur la Terre. Comme tous les animaux, ils sont le résultat de milliers de transformations : c'est ce qu'on appelle l'évolution. Les humains et les singes ont un ancêtre commun qui vivait il y a plus de 5 millions d'années.

INDEX

L

M

N

O

P

R

S

T

V

W

Y